권은중의
청소년
한국사
특강

음식으로 배우는 우리 역사

철수와영희

권은중의 청소년 한국사 특강

제1판 제1쇄 발행일 2022년 6월 25일
제1판 제2쇄 발행일 2023년 5월 27일

글 _ 권은중
기획 _ 책도둑(박정훈, 박정식, 김민호)
디자인 _ 채홍디자인
펴낸이 _ 김은지
펴낸곳 _ 철수와영희
등록번호 _ 제319-2005-42호
주소 _ 서울시 마포구 월드컵로 65, 302호(망원동, 양경회관)
전화 _ 02) 332-0815
팩스 _ 02) 6003-1958
전자우편 _ chulsu815@hanmail.net

ISBN 979-11-88215-74-4 43910

철수와영희 출판사는 '어린이' 철수와 영희, '어른' 철수와 영희에게
도움 되는 책을 펴내기 위해 노력합니다.

가족을 위해

하루 세끼

평생 동안 밥상을 차려 오신

한반도의 어머니들께 감사 드리며

음식으로 배우는 맛있는 우리 역사

"한 국가의 운명은 그 나라가 식생활을 영위하는 방식에 달려 있다."

백성들이 배고파서 못 살겠다고 거리로 뛰쳐나왔던 18세기 프랑스 대혁명 시기를 살았던 프랑스 법률가 장 앙텔므 브리야 사바랭(1755~1826)이 했던 말입니다. 사바랭은 "어떤 음식을 먹는지 말해 주면 네가 어떤 사람인지 말해 줄 수 있다"라고 말하기도 했습니다. 한발 더 나아가 그는 음식은 개인뿐 아니라 공동체의 삶을 규정한다고 생각했습니다.

개인만 놓고 본다면 물질의 최소 단위인 원자까지 현미경으로 낱낱이 볼 수 있는 현대 과학은 사바랭의 말이 일정 부분 사실이라는 것을 입증했습니다. 우리가 먹는 음식은 수십만 년 전부터 인류가 섭취해 오던 것입니다. 음식에 들이 있는 단백진·탄수화물·지방 등 3대 영양소를 비롯해 철분·인 등 미네랄은 우리 몸을 만듭니다. 그러니 "지금 먹는 게 나 자신"이라는 명제는 상당히 타당합니다.

음식의 영양분들은 한발 더 나아가 우리 몸의 단백질 구성 방식을 결정하는 유전자를 만듭니다. 우리의 육체는 조상들이 전해 준 유전자 정보를 바탕으로 구성되고 육체에서 생성된 정신 작용으로 활동합니다. "음식이 민족의 역사를 이룬다"는 말은 단순히 문학적 상상력 혹은 문화적 상징에서 나온 표현이 아니라 일정 정도 과학적 사실인 셈입니다.

모든 생명체의 유전자는 가변적입니다. 영국 생물학자 찰스 다윈(1809~1882)은 200년 전 남미의 갈라파고스섬에서 핀치새(참새목의 작은 새입니다)를 발견합니다. 이때 먹이에 따라 부리 모양이 완전히 달라진다는 사실을 알아채고는 이를 근거로 그 유명한 진화론을 주장합니다. 오랜 시간 진화를 통해 서로 다른 모습의 핀치새가 등장한 것입니다.

한편 유전자 변화는 단시간에도 일어납니다. 흡연 등 나쁜 생활 습관이나 감염, 방사선 노출 등은 디엔에이[DNA] 돌연변이를 만들고 이것이 무한 증식하면서 정상 세포를 죽입니다. 이 병리 과정이 바로 암입니다. 의학적으로 암을 '악성 신생 물질'이라고 부르는 것도 이런 까닭입니다. 아무리 좋은 유전자를 가지고 태어났다고 해도 관리를 못 하면 소용이 없는 셈입니다. 좋은 음식은 좋은 환경과 함께 우리 디엔에이에 큰 영향을 미칩니다. 그런 의미에서 우리가 먹는 음식은 우리의 과거와 현재와 미래를 연결하는 '황금 끈'이라고 할 수 있습니다.

이 책은 이런 관점에서 우리 민족이 먹어 온 음식을 통해 우리 역사를 짚어 봅니다. 저는 쌀과 보리 등의 곡물로 고조선, 삼국, 고려, 조선의 정치·사회 구조를 이해할 수 있다고 생각합니다. 근대 이전의 토지·화폐 제도는 곡물과 밀접한 관계가 있기 때문입니다. 곡물은 더 나아가 정치·사회 구조는 물론 문화 전반에도 영향을 미칩니다. 이러한 관계는 근대 이후 산업 사회 등장을 계기로 바뀝니다. 이제 경제는 곡물 생산량보다 공업과 무역 그리고 화폐(통화)에 더 큰 영향을 받습니다. 음식으로 역사를 설명하는 접근법이 생소할 수도 있습니다. 하지만 이런 접근법은 역사의 큰 그림을 이해하는 데 도움을 줄 수 있습니다.

한국사는 입시 등 각종 시험의 필수 과목입니다. 외울 것투성이인 따분한 역사를 음식이라는 흥미로운 키워드로 분석하면 일목요연하게 정리할 수 있습니다. 예를 들어, 냉장고 속 김치 한 포기로 우리 민족사를 재구성할 수 있습니다. 잠깐 '김치'로 이 책을 '시식'해 볼까요?

첫 번째로, 우선 김치는 쌀과 연결됩니다. 쌀이 우리 밥상의 주인공이 된 시기는 삼국 시대로 수정됩니다. 밥맛을 좋게 하는 조리 기구인 무쇠솥도 이즈음 등장합니다. '밥심으로 산다'는 우리 민족의 특징은 단군 고조선에서 시작해 삼국 시대에 정립된 것입니다. 한편 김치는 포만감을 주는 고칼로리 음식이 아닙니다. 우리나라 밥상의 중심은 말 그대로 '밥'입니다. 김치는 밥 중심 차림의 반찬으로 발달했습니다.

두 번째는 '소금'입니다. 절여 먹는 음식인 김치의 발달은 소금의 역사로 풀어야 합니다. 소금은 갯벌이 발달한 한반도의 주요한 특산품 가운데 하나였습니다. 고조선부터 한반도의 국가는 소금 무역으로 부를 크게 늘렸습니다. 그러자 중국의 견제를 받습니다. 고조선을 멸망시킨 중국 왕이 실크로드를 개척해 동서 교류의 물꼬를 튼 한무제였다는 점에 주목해야 합니다. "한무제가 동쪽으로 와서 산둥반도를 정복했을 때 비로소 생선 젓갈을 처음 봤다"라는 중국의 기록이 있습니다. 고조선과 한나라의 전쟁은 소금을 놓고 벌인 국제전이라는 분석도 나옵니다.

삼국 시대 역시 중국과 활발히 교류했습니다. 이후 고려는 원나라의 통치를 받으면서 원나라 화폐인 보초寶鈔나 국제 통화인 은을 사용했습니다. 동아시아를 넘어 유라시아 경제권에 깊이 참여했습니다. 그러면서 식탁이 한층 풍성해지고 쌀밥에 이어 김치와 떡이 주요 음식으로 자리매김합니다.

그렇지만 조선은 고려와 반대로 무역은 물론 상업 자체를 엄격하게 제한합니다. 통치 원리였던 성리학에 입각해서 내린 결정이었습니다. 그러나 시장의 자율성까지는 막을 수 없었습니다. 조선 후기에는 새로운 농법인 모내기(이앙법)가 본격적으로 도입되어 농업 생산력이 급증하고 세금도 쌀로 받는 경우가 많아집니다. 화폐가 유통되고 시장이 활발해지면서 조선 경제는 활기를 띠기 시작합니다. 성리학으로 시들어 가던 상업이 농민들의 손으로 부활한 것입니다.

조선 후기에는 농업 생산력 발달로 쌀밥이 보리나 수수 등의 잡곡밥을 완전히 밀어내고 우리나라 밥상의 중심이 됩니다. 상업도 발달하여 젓갈과 고춧가루가 대량으로 유통됩니다. 여기에 살림이 윤택해진 사대부와 대지주가 경쟁적으로 상차림에 신경 쓰면서 김치는 점점 화려해지고 식탁은 풍성해졌습니다. 이때 오늘날 우리가 먹는 속이 빽빽한 중국 배추가 들어오기 시작합니다. 이렇게 해서 매운 양념과 다양한 채소와 젓갈을 배추 속에 차곡차곡 넣어 먹는 오늘날과 비슷한 김치가 완성됩니다. 이처럼 김치 한 포기에는 우리의 민족사가 녹아 있습니다.

음식으로 풀어 가는 역사는 왕이나 똑똑한 관료들 중심의 역사가 아닙니다. 음식으로 보는 한국사는 여러분의 역사관을 바꿀 것입니다. 이런 시각이 역사를 배우는 데 꼭 필요하다고 저는 생각합니다.

지구상에 쌀과 같은 식물과 물고기가 등장한 것은 수억 년 전이고 아프리카에서 인류의 조상이 태어난 게 수백만 년 전입니다. 그런데 왕과 신하가 등장한 것은 고작해야 5000년 전입니다. 공자와 맹자를 신봉하며 백성에게 충성을 강요하는 유교 사상이 우리를 지배한 것은 조선이 들어선 600여 년 전쯤입니다. 지배자 중심으로 역사를 보면 인류 역사 대부분을 놓치게 됩니다.

맛있는 우리나라 밥상 차림은 누가 만들었을까요? 왕일까요? 아니면 귀족이나 양반일까요? 이 책을 읽으면 독특한 우리 음식 문화 상당 부분은 지배층이 아니라 생산을 담당한 민중이 일궈 왔다는 점을 알게 됩니다.

이 책은 청소년 독자에게 우리나라 역사 변화의 원동력이 무엇이며 그 힘을 사람들이 어떻게 받아들이고 활용했는지를 보여 주려 했습니다. 음식의 역사를 이해하면 과거뿐만 아니라 우리가 발 딛고 선 지금의 문제를 풀어 가는 데 큰 도움이 될 것입니다.

2022년 6월
권은중 드림

차례

3부. 고려 시대

문화만큼이나 화려했던 밥상

4부. 조선 시대

쌀의 나라, 이념의 나라

풍요로운 땅, 한반도에 사람이 모이다

1부
선사 시대

①

갯벌

한반도의 기운이 빚어낸 생명의 요람

"생명은 습지에서 번성한다."

-람사르 협약 사무국 홈페이지

역사란 인간이 자연과 그리고 인간과 투쟁하며 써 내려가는 기록입니다. 그래서 역사를 제대로 파악하려면 인간과 자연을 알아야 합니다. 인간은 자연의 지배를 받습니다. 지구가 아니었다면 '우리'라는 존재도 없었을 거예요.

우리는 생명을 유지하려면 먹어야 합니다. 지구상에 존재하는 다른 생명을 취해야 합니다. 음식의 역사는 생명의 역사라고 할 수 있습니다. 인간보다는 생명이, 생명보다는 지구가 앞섰습니다.

우주가 생긴 건 138억 년 전이며 지구의 나이는 46억 년으로 추정됩니다. 지구 생명체의 역사는 38억 년이에요. 오늘날 식물의 90%를 차지하는 속씨식물은 약 1억 4000만 년 전에, 침팬지·오랑우탄 같은 영장류는 700만 년 전에 지구에 등장했어요. 그중 인간의 역사는 고작 300만 년입니다. 인류의 역사란 우주와 생명의 역사에 견주면 찰나에 불과해요. 어떤 생물학자는 이를 두고 "생명의 역사를 케이크에 비교하면 인간의 역사는 케이크 표면에 바른 크림에 불과하다"라고 했습니다.*

우리는 모두 태양에서 왔다

그렇게 햇수만 놓고 보면 하늘이 가장 먼저 생긴 셈이에요. 성경은 "태초에 빛이 있으라"로 천지창조의 순간을 묘사합니다. 우리가 아는 신화들도 대부분 우주의 탄생에서 그 이야기가 시작됩니다. 즉 우주를 세상의 시작으로 보는 것입니다.

---

* 린 마굴리스, 도리언 세이건이 쓴 『마이크로 코스모스』라는 책에서 나오는 말입니다.

좀 더 범위를 좁혀 볼까요? 지금 우리가 이곳에 존재하는 것은 저 뜨거운 태양 덕분입니다. 우리의 몸과 우리가 먹는 식물과 동물은 모두 태양 에너지의 변형된 모습입니다.

과학적으로 음식을 분석하다 보면 그 끝에서 태양을 만납니다. 그래서 지구 생명의 기원인 태양은 오랫동안 숭배의 대상이었습니다. 천문학적 지식이 없었던 고대인에게 매일 떠오르며 세상에 빛을 비추는 태양이 얼마나 경이로웠을까요? 대지는 위대한 태양의 빛을 품어 생명을 키웁니다. 그리고 인간은 그 생명에 의지해 삶을 영위합니다.

우리가 먹는 음식에는 우주의 이치가 고스란히 녹아 있습니다. 하늘과 땅의 조화로 빚어지는 온도와 습도는 식물의 생장을 결정합니다. 식물의 분포 즉 식생植生은 인간을 포함해 그 지역 모든 생명체의 삶을 결정합니다. 지역 간 환경 차이는 식탁에 올라오는 메뉴를 결정합니다. 기온과 강수량이 다른 사막과 북극 지역의 밥상은 다를 수밖에 없습니다.

인간은 기온과 강수량 차이에서 오는 재료의 한계를 슬기롭게 극복합니다. 비타민 C가 부족하면 인간은 괴혈병에 걸릴 수 있습니다. 점막이나 피부 특히 잇몸에서 피가 나면서 빈혈이나 신경 쇠약이 생깁니다. 심하면 사망에 이를 수 있어요. 비타민 C는 주로 채소와 과일에 들어 있어요. 그런데 녹색 식물이 자라지 않는 지역에 사는 이

누이트(우리가 흔히 쓰는 '에스키모'는 외부인들이 그들을 '날고기를 먹는 사람'이라며 낮추어 부르는 말입니다)들은 어떻게 이것을 섭취했을까요? 그들은 동물의 내장 특히 순록의 신장과 부신에서 비타민 C를 얻었습니다. 그렇게 황량한 북극 환경에 적응했습니다. 이처럼 인간은 주어진 환경 조건을 지혜롭게 극복해 왔습니다. 온도와 습도라는 기후 조건의 한계를 무릅쓰고 특별한 음식 섭취를 통해 살아남았던 것입니다.

먹을 것을 위한 인간의 투지는 후손을 살리는 지혜가 됩니다. 우리는 마그마가 뿜어져 나오는 뜨거운 화산이나, 엄청난 압력이 작용하는 수천 미터의 해저에서 살아가는 미생물의 생존 능력에 감탄합니다. 하지만 인간의 적응력도 이에 못지않아요.

그렇다면 한반도의 땅과 하늘이 빚어낸 음식의 특징은 어떨까요? 한반도의 식탁을 압축적으로 보여 주는 곳으로 저는 산이나 들 혹은 강이나 바다보다 갯벌을 꼽습니다. 우리나라 갯벌은 미국 동부 조지아주 연안, 캐나다 동부 연안, 아마존 유역 연안, 북해 연안과 더불어 세계 5대 갯벌 중 하나로 꼽힐 정도로 광활합니다.

강 하구에 펼쳐진 갯벌은 수심이 얕고 유속이 느린 데다 민물과 바닷물이 교차해 영양분이 풍부합니다. 물고기와 새는 물론이고 게·조개·낙지 등 다양한 생명체가 살고 있어요. 우리나라와 비교했을 때 다른 나라의 갯벌은 염도가 높고 퇴적물의 양이 너무 많아 다양한 생명이 살지 않습니다.

전남 강진의 갯벌. 1906~7년에 한국을 방문한 독일인 헤르만 산더가 수집한 사진. ⓒ국립민속박물관

　한반도 갯벌의 이러한 특징은 독특한 생성 역사에 기인합니다. 1만 4000년 전까지 육지였다가 바다가 되었거든요. 그래서 우리 갯벌은 산소 투과율이 높습니다. 바다와도 가까워 조금만 나가면 모래가 나타나요. 이런 갯벌 구조는 다양한 생명체의 서식 조건이 됩니다.

　그래서 얼핏 보면 아무것도 살지 않는 검은 흙처럼 보이는 우리 갯벌은 생명의 보물 창고입니다. 해양 생물의 먹이가 되는 식물성 플랑크톤을 포함한 식물 164종, 동물 700여 종이 살아가는 터전입니다. 그래서 갯벌에 사는 주민들은 "갯벌 한 평만 있으면 자식들 대학 등

록금까지 걱정이 없다"는 말을 할 정도입니다. 갯벌의 면적당 부가가치는 논과 밭에 견줘 월등히 높습니다. 생물 다양성 측면에서나 경제적으로 가치가 크다는 뜻입니다. 이는 한반도의 지리적 특징 때문입니다.

영양 덩어리, 한반도의 갯벌

한반도의 암반은 25억 년 전 시생대에 형성된 화강편마암이 40%가량 차지합니다. 시생대始生代는 지표면 형성이 시작된 가장 이른 시기를 말합니다. 편마암은 퇴적암이 지구 내부의 압력으로 그 성질이 바뀐 변성암變成巖의 일종입니다. 지구상 가장 오래된 암석 중 하나죠. 이것이 마그마 등 여러 지각 작용을 거치면 화강편마암이 됩니다.

시생대에서 20억 년도 더 지난 뒤인 1억 년 전후로 중생대 쥐라기에 지각 변화가 생기고 이것이 한반도의 등뼈인 백두대간을 빚습니다. 지구 내부에서 마그마가 솟구치면서 화강편마암 바로 밑에 고입니다. 그 뒤로 시생대에 만들어진 바위들이 비와 바람으로 침식되면서 마그마가 굳어져서 만들어진 화강암 봉우리가 드러납니다. 이런 바위산이 바로 금강산·설악산·북한산처럼 빼어난 봉우리의 산들입니다.

땅의 연령으로 치면 신생아 격인 100만 년 전후로는 백두산과 한라산을 비롯해 한반도 곳곳에서 화산이 폭발하면서 화산암으로 이뤄진 비교적 젊은 산들이 나타납니다. 울릉도와 독도 같은 섬도 생겨나요. 나이가 100만 년 안팎인 백두산, 한라산, 울릉도, 독도는 최고 25억 년가량의 한반도 나이에 견주면 막 태어나 아장아장 걷는 아기에 비유할 수 있습니다.

이처럼 지금도 한반도에 살고 있는 우리 발밑에서는 지구의 에너지가 쉬지 않고 움직이고 있습니다. 갯벌은 이런 짱짱한 암반들이 비와 바람에 오랫동안 침식되면서 생긴 토사들이 유속이 느린 강 하구에 깔린 것입니다. 따라서 갯벌은 육지의 많은 영양분을 가지고 있습니다.

갯벌은 우리 땅의 생명력이 농축된 곳입니다. 우리 몸속 신장이나 소장·대장처럼 에너지를 비축하거나 노폐물을 걸러내는 역할을 해요. 갯벌의 생명력은 수억 년 동안 우리 자연이 만들어 낸 에너지입니다.

갯벌이 우리에게 어떤 선물을 주는지 한번 볼까요? 여러분 '가을 전어' 들어보셨죠? 예로부터 "전어는 깨가 서 말"이라는 말이 있을 정도로 고소한 맛이 일품인 청어과 생선입니다. 우리나라 서남 해안에 서식해요. 전어는 갯벌이 발달한 곳에서 잘 잡힙니다. 봄에 강과 가까운 바다에서 몸을 키우다가 여름에 산란합니다. 갯벌과 강 하구의 풍부한 영양분을 섭취한 전어는 가을에 다시 깊은 바다로 떠날 채비를 합니다.

바다에서 올라오는 봄 전어는 맛이 없습니다. 산란을 마치고 바다로 돌아가기 전까지 전어는 살도 많이 오르고 맛도 가장 좋습니다. 조선 시대 실학자 정약전은 어류도감 『자산어보』에 이렇게 적고 있습니다. "전어는 기름이 많고 달콤하다. 흑산도에도 가끔 나타나지만 그 맛이 육지 가까운 곳만 못하다." 연탄불에 구운 가을 전어 맛은 참 각별합니다. 하지만 그 고소한 맛의 비밀이 찰진 갯벌과 연안의 대지에 있다는 사실을 아는 사람은 많지 않아요.

갯벌이 밥상을 책임지다

갯벌은 축복의 땅입니다. 절반 이상이 냉대(가장 추운 달 평균 기온이 영하 3도 미만인 지역)인 한반도에 이렇게 많은 사람이 모여 살 수 있는 것은 갯벌의 생산력 덕분입니다. 갯벌과 인근 바다에서 잡히는 수산물은 곡식과 고기가 부족한 우리 자연환경에서 우리의 밥상을 풍요롭게 만들었습니다. 그래서 지금 우리나라는 전 세계에서 수산물을 가장 많이 소비합니다. 섬나라인 이웃 일본보다 많이 먹어요.

갯벌에서는 예로부터 많은 먹거리가 나왔습니다. 우리나라에는 신

신석기 시대 조개껍데기. ⓒ국립중앙박물관

석기 유적에서 수많은 조개 무덤이 발견될 정도였지요. 수심이 낮아 물고기를 잡기도 수월했습니다. 해안가와 강 주변에 사람들이 몰려 살았지요. 생활에 꼭 필요한 소금을 만들기도 쉬웠습니다. 소금은 암염巖鹽처럼 땅에서 얻기도 하지만, 조선 시대까지 우리나라 소금은 조수간만의 차가 큰 갯벌 바닷물을 끓여서 만드는 자염煮鹽이었습니다.

소금은 고대에 화폐로 쓰일 만큼 중요한 자원이었습니다. 고조선과 고구려가 동북아 중심 국가로 성장할 수 있었던 것은 소금처럼 국제 교역에 유리한 물산이 풍부했기 때문입니다.

소금을 얻기 쉬운 만큼 수산물을 소금에 절이는 염장법이 발달하면서 우리 식탁은 한결 더 풍성해졌습니다. 염장법을 이용한 대표적인 먹거리가 된장·간장·고추장 같은 장과 새우젓·조개젓 같은 젓갈입니다. 장과 젓갈은 우리 식탁에서 빼놓을 수 없는 염장 발효 음식입니다.

비빔밥과 불고기는 세계적으로 유명한 한식입니다. 이런 음식의 발달은 강력한 소스 덕분입니다. 그 출발점이 소금이고, 소금이 만들어진 곳이 바로 갯벌입니다. 갯벌이 없었다면 한식은 지금과 전혀 다른 모습이었을 것입니다.

하지만 갯벌이 마냥 좋은 것만은 아닙니다. 갯벌은 영어로 'wetland'라고도 합니다. 말 그대로 '젖은^{wet}' '땅^{land}'이죠. 땅 자체로 보면 쓸모가 없습니다. 그 위에 집을 지을 수도, 농사를 지을 수도 없으니까요. 그래서 1970~80년대에는 갯벌을 흙으로 메워 논이나 공장용 땅으로 쓰는 간척 사업이 횡행했습니다. 구불구불한 해안선을 직선화하는 사업도 펼쳤습니다. 모두 '경제 성장'이라는 이름으로 행해진 일입니다.

지금도 갯벌을 메워 공장을 짓자는 '개발' 주장이 계속되지만 저성장 시대로 접어들면서 점점 힘을 잃고 있어요. 오히려 갯벌의 가치를 뒤늦게 발견하면서 보존을 주장하는 목소리에 힘이 실립니다.

생명이 숨 쉬는 갯벌은 인간이 만든 어떤 구조물보다 위대합니다. 경제적 가치도 그보다 훨씬 커요. 전라남도에 있는 순천만을 보면 잘 알 수 있습니다 아름다운 순천만 갯벌은 한때 골재 채취 같은 무분별한 개발과 건설 현장에서 쓰고 남은 흙을 버리는 곳으로 사용되면서 크게 훼손되기도 했습니다. 이에 뜻있는 시민들이 순천만을 지키고자 힘을 합쳤고 덕분에 지금의 아름다운 풍광을 유지할 수 있습니다.

우리 눈에만 갯벌이 의미 있어 보이는 것은 아닙니다. 유네스코는 2021년 7월에 우리나라 갯벌을 세계 유산에 올렸습니다. 제주 화산섬과 용암 동굴에 이어 두 번째였습니다. 세계 유산이 된 '한국의 갯벌'은 충남 서천, 전북 고창, 전남 신안, 전남 순천·보성, 이렇게 네 곳입니다. 유네스코 세계 유산 위원회는 한국 갯벌을 "지구 생물 다양성 보존에 가장 중요하고 의미 있는 장소"라고 평가했습니다. 저는 이것도 부족하다고 생각해요. "우리 음식이 태어났고 우리 음식을 지켜 나가는 에너지의 원천"이라고 말하고 싶습니다.

② 한반도의 땅과 물

기운 넘치는 한반도로 가자

엄마야 누나야 강변 살자
뜰에는 반짝이는 금모래 빛
뒷문 밖에는 갈잎의 노래
엄마야 누나야 강변 살자
-김소월의 시 '엄마야 누나야' 중에서

지금으로부터 30만 년 전 만주의 어느 벌판.

빙하기가 계속되어 5월인데도 며칠째 눈이 내리고 있었어요. 원시인 남자들이 멧돼지를 추격하고 있었어요. 이들 가운데 가장 젊은 '큰눈'은 뒤따라오는 '털난발'에게 신호를 했어요. 큰눈은 시력이 좋고 달리기가 남달랐어요. 큰눈의 친형인 털난발은 체력이 좋고 상황 판단이 빨라 두 사람이 늘

사냥의 선두에 섰어요. 이들은 모두 어머니 '둥글둥글'의 자식이에요.

털난발 뒤로 멀찌감치 일곱 명의 남자가 따라왔어요. 이들은 둥글둥글의 친척들 자식이었어요. 사냥에 참여한 남자들은 모두 형제처럼 가깝게 지냈습니다.

멧돼지는 멀리 도망가지 못했어요. 인간보다 훨씬 빠른 멧돼지가 이들을 따돌리지 못한 이유는 배가 고팠기 때문이에요. 속이 비어 힘을 쓰지 못했어요. 한편 인간은 멧돼지를 쫓으면서도 계속 음식을 먹었어요. 이들은 햇빛에 말린 돼지 힘줄과 불에 그슬린 훈제 돼지 껍질을 싸 가지고 다니며 배가 고플 때마다 먹었어요. 이 음식은 쉽게 상하지 않아 오래 두고 먹을 수 있었어요. 리더이자 어머니 혹은 이모인 둥글둥글의 지혜 덕분이었죠.

나이가 많은 둥글둥글은 이 무리에게 '살아 있는 도서관' 역할을 했어요. 먹을 것과 못 먹을 것을 구분하고 음식을 오래 보관할 방법을 알아냈죠. 둥글둥글이 없었다면 무리 사람들은 병들거나 굶어 죽었을 거예요.

반면 멧돼지는 사냥꾼에게 쫓기는 동안 아무것도 먹지 못했죠. 사방은 얼어붙어 있었어요. 300만 년 전에서 1만 년 전까지 빙하기가 지속되면서 지구의 30%가량이 얼음으로 덮인 상태였습니다. 바다마저 얼어붙어 우리나라와 중국과 일본이 하나의 땅으로 이어져 있었어요.

고약한 날씨 때문에 인간들도 먹을 것을 찾아서 이동해야 했죠. 이들의 까마득한 조상 때는 적도 부근까지 얼어붙는 엄청난 빙하기를 겪기도 했습니다. 이때 하마터면 전 인류가 얼어 죽을 뻔했죠. 빙하기 때에는 초식동물들이 먹이인 풀을 찾아 끊임없이 이동합니다. 이들을 사냥하는 인간도 함께 움직여야 했죠. 인류가 고향인 아프리카를 벗어나 지구 곳곳으로 퍼져 나간 배경입니다. 둥글둥글 가족도 그렇게 이동 중이었어요.

한참을 쫓기던 멧돼지가 결국 눈밭에 푹 하고 주저앉았어요. 하지만 멧돼지는 무서운 동물이에요. 마지막까지 안심할 수가 없었죠. 큰눈이는 창을 꼭 쥐었어요. 뗀석기인 돌칼을 나무 막대에 붙인 창은 당시 원시인들에게는 매우 유용한 무기였죠.

큰눈이가 던진 창에 맞은 멧돼지는 구슬픈 비명을 지르더니 쓰러졌어요. 모두가 두 팔을 번쩍 들었어요. "와!" 하고 함성이 터졌어요. 이들은 2주일 만에 제대로 된 고기를 먹게 될 생각에 마음이 설렜어요.

리더인 둥글둥글은 "조상신이 해가 뜨는 곳으로 가라고 예언했다"며 무리를 동쪽으로 이끌었어요. 해가 뜨는 쪽이 따뜻해 먹을 것이 많다는 것을 다른 사람들도 알고 있었어요. 호수와 강이 많아 물고기도 잡을 수 있었습니다. 낚시는 야생 동물 사냥보다 안전했습니다.

둥글둥글은 조금만 더 가면 큰물이 나올 것이며 그곳이야말로 진정한 안식처라는 조상들의 예언을 들려주곤 했어요. 그것은 빙하기 눈밭을 뚫고 먼 길을 가는 데 큰 힘이 됐어요. 힘이 약한 둥글둥글이 지도자가 될 수 있었던 것도 조상과의 교감 덕분이었어요. 둥글둥글을 따라 사람들은 계속해서 움직였습니다. 그렇게 도착한 곳이 바로 산 깊고 물 맑은 한반도였답니다.

위의 일화에 등장하는 '둥글둥글' 무리처럼 한반도에 인간이 최초로 살기 시작한 것은 언제부터였을까요? 우리 조상들은 어디에서 왔을까요?

인류는 아프리카에서 탄생했습니다. 최초의 인류로 불리는 오스트랄로피테쿠스 화석이 여러 차례 아프리카에서 발견됐습니다. 350만 년 전 인류 최초로 나무에서 내려온 여인으로 추정되는 '루시'의 화석도 아프리카 동부 에티오피아에서 발견됐습니다.

이처럼 아프리카에서 탄생한 인간이 아시아와 유럽은 물론 멀리 차가운 북극까지 진출한 것은 식량 때문이었습니다. 300만 년 전부터 시작된 빙하기는 1만 년 전에는 뜨거운 적도 주변까지 얼어붙을 정도로 극심했습니다. 삶의 터전이던 숲은 말라 갔고 인간은 생존을 위해 중대한 결심을 합니다. 이렇게 해서 전 지구적인 이동이 시작됩니다. 곧추 걸었던 호모에렉투스(곧선사람)들은 직립 보행으로 튼튼해진 두 다리만을 믿고 먹을 것을 찾아 수천 킬로미터 머나먼 길을 떠납니다.

인간은 다른 짐승보다 집요했고 결국 지구 곳곳으로 흩어졌습니다. 고릴라·침팬지 같은 유인원이 대부분 아프리카나 인도네시아 열대우림에 서식하는 것과 대조적입니다. 인간이 나무 아래로 내려와 먼 곳을 바라보면서 다진 의지가 지금의 차이를 만든 건 아닐까요? 인간은 강한 생존 의지로 고향인 아프리카를 벗어나 사막과 빙하에도 삶의 뿌리를 내렸습니다.

우리 민족이 한반도에 도착한 것도 인류 대이동 덕분이었습니다. 좀 더 살기 좋은 곳을 찾아 이동하던 인간들은 광대한 만주 평원과 강과 호수가 발달한 한반도에 정착합니다.

60만 년 전, 한반도에는 사람이 살고 있었다

평양 상원읍 흑우리(검은모루), 충남 공주 석장리, 경기 연천 전곡리 등의 유적을 분석한 결과, 우리나라에는 60만 년 전부터 구석기인이 살았습니다. 당시 동북아의 지리는 지금과 달랐습니다. 우리나라와 중국, 일본 땅은 모두 이어져 있던 것으로 추측됩니다. 우리 조상 일부는 육로로 서해를 통과해 한반도로 들어와 머물다 일부는 다시 일본으로 갑니다. 한·중·일 세 나라 사람들이 유전적으로 비슷한 이유입니다.

이들이 머물던 동굴은 주로 강변에 있었고 뗀석기가 다량 발견됐습니다. 구석기인들이 강변에 모여 살았던 것은 식량 때문이었습니다. 조개와 물고기는 들소나 멧돼지 사냥보다 훨씬 손쉬우면서도 배불리 먹을 수 있는 음식이었어요. 우리나라 구석기 유적에 낚시 도구와 그물추들이 많이 나오는 것도 이런 이유입니다. '구석기 시대 명

한반도에서 발견된 뗀석기. ©국립중앙박물관

품'으로 통하는 '양날 주먹 도끼'도 아시아에서 유일하게 우리나라 (경기 연천군)에서만 발견됐습니다.

원시 시대 조상들의 지혜는 신석기 시대와 고대 국가에 이어집니다. 한강 하구인 서울 강동구 암사동에는 신석기 시대 유적과 백제 시대 유적이 있습니다. 강의 하구는 상류로부터 내려오는 영양분이 쌓여 물고기와 조개가 풍부할 뿐만 아니라 주변 땅이 기름져 농업에도 적합합니다.* 먹을 것이 많으니 자연히 사람이 모인 거예요.

구석기 시대 후기 슬기인(호모사피엔스)은 현생 인류와 골격이나 지능이 비슷합니다. 이들은 석기 문화를 좀 더 발전시켰습니다. 뗀석기가 간석기로 바뀌고 동물의 뼈를 이용한 정밀한 도구들이 등장해요.

재미있는 것은 한반도 구석기 유적에서 지금은 서식하지 않는 코뿔소·하이에나 같은 아열대 지역 동물 뼈가 발견된다는 점입니다. 이는 빙하기가 잠시 멈춘 간빙기 때 지구 전체 온도가 올라가면서 한반도에 아열대 생물이 살았기 때문으로 추측됩니다. 요즘 제주와 남해 바다에 지구 온난화로 아열대 물고기가 사는 것과 비슷해요. 간빙기 시절, 우리 조상은 한반도를 '따뜻한 남쪽 나라'로 여겼을지도 모릅니다. 먼 길을 걸어온 그들의 '한반도 드림'을 실현할 땅 말이에요.

그렇다면 초기 정착민들에게 한반도는 무엇을 선물했을까요? 하나는 앞서 '갯벌'에서 설명한 풍성한 해산물과 소금입니다. 그리고 두 번째가 산과 들의 넉넉한 곡식과 채소였습니다.

난류와 한류가 교차하는 바다에는 계절에 따라 다양한 물고기가 잡힙니다. 봄에는 조기·멸치·가자미, 여름에는 농어·병어·갈치, 가을에는 전어·삼치·고등어, 겨울에는 대구·명태·숭어 등 크기도 모양도 맛도 달라요. 굴이나 조개 같은 패류와 게나 새우 같은 갑각류도 풍

---

* 강 하구는 상류의 양분이 쌓여 따로 거름을 줄 필요가 없을 정도로 기름져 작물이 잘 자랍니다. 그래서 어느 지역이나 강 하구에서 문명이 싹텄습니다. 중세 이후 거름이 보편화되기 전까지는 지력이 떨어지면 그 땅을 놀리는 휴한법을 써야 했습니다. 그러다 고려 말에 시비법이 중국에서 들어오면서 생산력이 향상됩니다. 그러면서 사실상 땅에 얽매여 농노처럼 지내야 했던 평민들 삶도 나아집니다. 조선 시대에 들어서면서 비로소 농민들에게 거주 이전의 자유가 생겨요.

권은중의 청소년 한국사 특강

부합니다

바다만 풍요로운 것이 아닙니다. 우리 땅은 시베리아 찬 공기와 북태평양 따뜻한 공기가 만나면서 계절 차이가 뚜렷합니다. 여름에는 고온다습해서 벼 재배에 적합하고 계절 간 기온 차이가 커서 과일과 채소가 달고 맛있습니다. 산과 들에는 곡식과 어울리는 나물들이 지천입니다.

인류의 역사는 물고기를 떠나서 설명하기 어렵습니다. 기독교 신자는 물고기로 자신들을 상징합니다. 가톨릭교회 수장인 교황의 상징 문양이 바로 물고기예요. 신학자들은 물고기를 생명력으로 해석합니다. 그만큼 인간의 생존에 큰 영향을 미쳤다는 뜻이에요. 삼면이 바다인 한반도는 물고기가 많이 잡혔습니다. 예로부터 전남 영광, 전북 부안, 황해도 옹진 등 바다 위에 시장(이를 '파시'라고 합니다)이 섰다는 기록이 전해질 정도였습니다.

한반도, 1만 년 전 쌀농사를 시작하다

우리나라는 평균 기온으로 볼 때 비교적 따뜻한 지역에 속합니다. 비도 넉넉한 편이어서 농사를 짓기에 적합한 땅입니다. 그래서 일찍부터 농업 문명이 발달했어요.

우리나라에는 무려 1만 2000년 전부터 쌀을 먹은 흔적이 있습니다. 연구에 의하면 신석기 시대부터 농업을 시작했는데 이는 세계적으로도 매우 빠르다고 할 수 있습니다. 처음에는 조·수수·보리 등 거친 곡식을 키우다가 먹기 부드러운 벼를 키운 것으로 추측됩니다.

그렇지만 이런 풍요가 꼭 좋은 것만은 아니었어요. 곡물 생산량이 늘면서 계급이 나뉘기 시작합니다. 곡물 생산력을 바탕으로 부족 국가가 등장합니다. 부족장은 제사장이 되었다가 나중에는 왕이 됩니다. 왕은 청동기로 무장하고 번쩍거리는 청동 거울과 방울을 지닙니다. 화려한 문양의 짐승 가죽을 두르며 권위를 과시했어요. 그리고 정복전쟁에 나섭니다. 전쟁에 패한 부족은 터전을 잃고 노동력을 대가 없이 제공하는 노예가 되기도 했습니다.

우리나라 곳곳에서 계급이 생기던 청동기 시대의 흔적을 찾아볼 수 있습니다. 고인돌이 대표적이에요. 큰 돌로 쌓은 무덤으로 전 세계 고인돌의 40%가 한반도에 있을 정도로 많아요. 평안도·경기도·전라도·경상도 등 주로 강과 바다를 낀 지역에서 많이 발견되는데 그중에서도 특히 곡식 생산량이 많고 해산물이 풍부한 전북 고창, 전남 화순 지역에 집중되어 있습니다. 심지어 육지와 떨어진 섬에서도 발견될 정도예요. 청동기 유물의 대부분은 지석묘로 불리는 고인돌에서 나왔어요.

중국과 이집트 그리고 메소포타미아 등 곡식 생산량이 많은 곳에

강화도 지역의 고인돌. ⓒ위키백과

서 강력한 왕권 국가가 탄생한 것은 결코 우연이 아닙니다.* 지배 세력이 농산물을 독점하면서 강력한 권력을 가질 수 있었기 때문입니다. 한반도에서도 수많은 부족 국가들이 생겨났다가 하나둘 통합되는 과정을 겪습니다. 서로 힘을 합치거나 전쟁을 통해 병합하면서 고대 국가로 성장해요. 우리나라 최초의 국가로 기록된 고조선도 이렇게 해서 생겨났습니다.

국가의 탄생은 먹을 것에 기초합니다. 먹을 것이 없으면 국가는 존

---

* 메소포타미아는 지금 대부분 사막이지만 수천 년 전에는 비옥한 농토가 많아 고대 문명이 태어날 수 있었습니다. 현재 사막처럼 건조한 지역으로 변한 것은 기후 변화 탓으로 분석됩니다.

재하지 않아요. 모든 국가는 '칼로리' 위에 세워졌습니다. 하지만 유감스럽게도 그 칼로리는 항상 부족해요. 모든 사람에게 충분히 칼로리를 공급하지 못합니다. 지리적 환경이 좋지 않은 곳은 더 그렇죠.

어떻게 하면 충분히 먹을 수 있을까? 사람들은 늘 고민해야 했습니다. 주어진 상황에서 최선의 방법을 모색해야 했죠. 그러면서 다양한 제도와 문명을 낳습니다. 사막에 사는 민족과 기름진 평야에 사는 민족의 생각이 같을 리 없잖아요. 이들 국가는 음식은 물론 종교와 법도 다릅니다. 전혀 다른 역사를 살게 됩니다. 그렇다면 이들의 생각과 먹거리는 어떻게 연결되어 있을까요? 한반도 사람들은 무엇을 먹고 어떤 생각을 했을까요? 바로 다음 '쑥과 마늘' 편에서 자세히 살펴보겠습니다.

권은중의 청소년 한국사 특강

③

쑥과 마늘

우리는 모두 웅녀의 자식이다

> "처음 누가 나라를 열었는가? 세상을 열었는가?
> 천제인 환인의 손자인 단군이라."
>
> -이승휴 『제왕운기』 중에서

수십만 년에 걸쳐 아프리카에서 한반도로 이동해 정착한 우리 조상들은 왜 곰의 후손을 자처했을까요? 고대 로마처럼 늑대의 후손 또는 중국처럼 용의 후손이라고 하지 않았을까요? 이를 알려면 우리 민족의 건국 신화인 단군 신화의 숨은 뜻을 알아야 합니다. 신화는 인간이 되고 싶은 곰이 쑥과 마늘을 먹고 여인으로 변신해 신과 결혼해서 단군을 낳았다고 기록하고 있어요. 참고로 '단군'은 고조선 말로 제사장이란 뜻이에요.

단군 신화는 『삼국유사』(1281)와 『제왕운기』(1287) 등에 등장해요. 우리 민족이 직접 기록한 역사 중 가장 오래된 것이 『삼국유사』와 『삼국사기』(1145)예요. 그 이전 기록은 안타깝게도 지금까지 전해지지 않습니다. 따라서 이를 토대로 우리 신화를 살펴보아야 합니다.

단군, 우리 역사와 상상력의 시작

단군 신화의 내용을 요약하면 이렇습니다. 신인 환웅은 하늘의 주신이자 아버지인 환인에게 인간 세상을 구하고 싶다고 말하고 지상으로 내려옵니다. 바람과 구름 그리고 비를 관장하는 이들을 비롯해 3000명을 이끌고 와 태백산에 신시를 열고 여러 신과 인간을 다스립니다. 그러던 어느 날 곰과 호랑이가 사람이 되고 싶다고 찾아와요. 환웅은 이들에게 쑥과 마늘을 주고 "100일간 햇빛을 보지 않으면 사람이 될 수 있다"고 말합니다. 호랑이는 견디지 못하고 뛰쳐나가지만 참을성 많은 곰은 시험을 통과하고 웅녀라는 여인이 됩니다.

웅녀는 환웅과 결혼하여 아들을 낳으니 그가 곧 단군입니다. 단군은 국호를 조선^{朝鮮}으로 정하고 1500년간 다스렸다고 합니다. 우리가

단군이 하늘에 제사를 지내기 위해 만들었다고 전해지는 마니산 '참성단'이 실린 세계 관광의 날 기념 우표(1976년 발행). ⓒ국립민속박물관

'고조선'이라고 부르는 이유는 이성계가 1392년 세운 조선과 구분하기 위해서예요.

　모든 신화는 상징과 비유로 가득합니다. 일일이 설명하기가 벅찰 정도입니다. 또한 신화에는 '진실'이 담겨 있습니다. 그래서 역사가들은 신화야말로 '한 공동체에 영원히 남아 있는 진실'이라고 주장합니다. 다만 역사처럼 문자로 기록되지 않았을 따름이에요. 단군 신화도 마찬가지예요. 우리가 확인할 수 있는 진실 중 하나는 이 신화가 청동기 시대 농경 사회를 배경으로 하고 있다는 점입니다.

　단군 신화에는 농업과 저수지를 담당하는 사람이 나옵니다. 농경 시대에 저수지를 관리하는 사람은 그 지역 지배자였습니다. 동북아시아 지역에서는 물을 다스리는 자를 '용'으로 불러왔습니다. 인도의 코브라에서 착안한 것으로 추정되는 용은 고대부터 물이 성패를 좌우하는 농경 사회 지배자의 상징이었습니다. 이는 고조선이 계급에 기초한 농업 국가였음을 말해 줍니다. 왕과 신하의 등장에서는 왕권 국가의 특징을 알 수 있어요. 그전까지는 부족장과 부족민이었죠.

웅녀가 인간이 되기 위해서 100일 동안 동굴에서 먹은 것이 쑥과 마늘입니다. 그런데 쌀이나 보리가 아니라 왜 하필 쑥과 마늘이었을까요? 지배자 환웅은 왜 자신이 키운 곡식이 아닌 들풀과 채소를 준 것일까요?

세 가지 관점에서 생각해 볼 수 있습니다. 주류 사학자들은 곰과 호랑이를 각각 해당 동물을 숭배하는 부족으로 봅니다. 곰은 시베리아 쪽에서 온 부족을, 호랑이는 만주에서 온 부족이라고 생각해요. 따라서 이 이야기는 강력한 왕권 국가의 수장인 환웅이 이들 부족을 병합한 사건으로 해석됩니다. 쑥과 마늘은 가혹한 항복 조건에 대한 상징이고요. 그러나 이는 지나치게 정치 중심적인 해석으로 보입니다.

두 번째, 경제적 측면에서 해석하면 다음과 같습니다. 쑥과 마늘은 조리 없이 바로 먹을 수 있습니다. 힘들여 농사를 짓지 않아도 야생 상태에서 구할 수 있어요. 한마디로 '채집 경제'를 상징합니다. 즉 곰과 호랑이를 믿던 부족은 이곳저곳 떠돌아다니는 사람들이었던 겁니다. 반면에 환웅은 농업 부족의 수장이었으므로, 농업 국가가 채집 국가를 병합한 역사적 사건을 상징한다는 해석입니다.

마늘은 고조선 시대에 한반도에 없었다

제 생각은 약간 다릅니다. 바로 세 번째 해석인데요, 저는 쑥과 마늘을 긍정적으로 생각합니다. 이 먹거리가 정치·경제적 발전이 덜 된 상태를 상징한다고 보지 않아요.

쑥과 마늘은 각각 원산지가 다릅니다. 쑥은 우리 땅에서 자생하는 풀입니다. 특이하게도 독이 없어요. 반면에 유럽 땅에서 자라는 쑥은 독성이 강합니다. 그래서 그쪽 사람들은 독초로 생각하고 아예 먹지를 않아요.

마늘의 원산지는 중동 지역입니다. 기원전에 우리나라에 들어온 것으로 추정해요. 단군이 나라를 만들 당시인 기원전 2300년쯤에는 한반도에 없었을 가능성이 있습니다. 그런데 왜 신화에 등장했을까요?

우리가 아는 단군 신화는 구전되던 내용을 고려 시대에 문자로 기록한 것입니다. 수천 년 동안 이어지면서 조금씩 달라졌을 거예요. 그중 하나가 마늘의 등장입니다. 마늘과 쑥, 이 두 식물은 우리 민족이 오랫동안 약으로 써 왔어요.

쑥은 지금도 한방에서 뜸 재료로 쓰입니다. "침으로 못 고친 병을 쑥(뜸)으로 고친다"는 옛말이 있을 정도로 민간에서 약처럼 쓰였어요.

마늘은 살균하거나 몸의 기운을 북돋우는 데 쓰였습니다. 동의보감은 마늘을 "성질이 따뜻하고 맛이 매우며 독이 있다. 종기를 제거하고 습하거나 나쁜 몸의 기운을 없앤다"고 적고 있습니다.

마늘의 독특한 매운맛은 황 성분에서 오는 것입니다. 양파도 그렇죠. 마늘과 양파의 황 성분은 해충과 미생물로부터 자신을 보호하기 위한 것입니다. 그래서 날로 먹기는 힘들어요. 보통은 익혀서 먹습니다. 마늘의 황 성분이 열과 결합하면 독특한 향과 단맛을 냅니다.

아주 옛날에는 어땠을까요? 아마도 원시인들은 쑥과 마늘을 꺼렸을 겁니다. 조리법이 발달하지 않았던 시절에는 강렬한 향 때문에 선뜻 먹지 못하다가 천천히 그 맛과 향에 적응했겠지요. 건강에도 좋았으니 이를 깨달은 사람이 식용 음식으로 전파했을 것입니다. 어쩌면 마늘이 인류의 음식이 되기까지 수만 년이 걸렸을지도 모릅니다. 참고로 서양 사람들은 지금도 생마늘을 잘 안 먹습니다.

향과 맛이 강한 마늘과 쑥은 인간의 식탁에 뒤늦게 도착했을 가능성이 높습니다. 그런데 우리나라는 어때요? 거의 모든 음식에 마늘이 들어갑니다. 김치는 물론이고 마늘이 없으면 찌개나 국의 맛을 낼수가 없을 정도예요. 쑥도 우리 민족이 애용하는 음식입니다. 나물은 물론 찌개와 국, 떡으로 만들어 먹을 정도지요.

이런 사실로 비추어, 단군 신화에 등장하는 쑥과 마늘은 우리 민족이 즐기는 안전하고 건강한 먹거리를 상징합니다. 그렇다면 웅녀가 끝까지 쑥과 마늘을 견딘 것은 조상들이 야생 식물을 우리 밥상의 중요한 먹거리로 받아들이는 지난한 과정을 말하는 게 아닐까요? 나중에 우리 땅에 전해 온 마늘을 후손들이 슬쩍 끼워 넣은 건 아닐까요? 우리 민족의 끈기와 실사구시의 지혜를 뽐내고 싶어서는 아니었을까요?

우리 민족을 지켜 준 '나물 밥상'

단군이 세운 고조선은 빠르게 성장한 고대 국가였습니다. 고조선의 저력은 당시 청동기를 통해 알 수 있습니다. 고조선의 초기 청동기인 비파형 청동기는 랴오닝성 동쪽 등 지금의 중국 동북 지역에서 광범위하게 발견됩니다. 아랫부분이 통통한 형태로 중국 청동기와 모양도 다르고 만들어진 시기도 앞섭니다. 고조선이 다른 지역보다 앞서 금속 문명을 받아들인 것으로 추정되는 증거죠.

당시 우리 민족이 활동했던 한반도 북부와 중국 동북 지역에 청동기 재료인 구리와 주석이 풍부했기 때문으로 보입니다. 구리와 주석은 철광석과 달리 지금도 세계 일부 지역에서 생산됩니다. 또 인간 생활에 필수적인 소금이 암염 형태로 이 지역에서 대량 채굴되었기 때문이라는 분석도 있습니다.

하지만 이후 고조선의 2기 청동기인 세형 청동검이 한반도 북부와 내륙에서 주로 발견된 것을 볼 때 우리나라가 고대 국가의 승패 경쟁에서 중국에게 밀린 것으로 짐작할 수 있습니다. 세형동검은 곡선형의 비파형 동검에 견줘 가늘고 날카로운 한반도 특유의 모양을 하고 있습니다.

결국 고조선은 기원전 108년 중국을 통일한 한나라에 의해 멸망

세형동검 ⓒ국립중앙박물관

합니다. 한나라는 중국을 통일하자마자 고조선을 멸망시키고 낙랑 등 네 개의 군을 설치하고 식민 통치를 실시합니다. 낙랑은 오늘날 평양에 위치한 것으로 추측됩니다. 중국의 한반도 견제는 이처럼 뿌리가 깊습니다.

그러나 이것 역시 '지배자' 중심의 관점일지 모릅니다. 저는 요리를 배운 뒤부터는 쑥과 마늘을 먹으며 참고 견딘 끝에 인간이 된 웅녀 이야기에 더 애정을 느낍니다. 이 땅의 어머니들을 상징한다고 생각하기 때문입니다. 백성이 먹고사는 문제는 한 나라의 흥망성쇠만큼 중요합니다.

근대 이전, 우리나라는 "쌀밥에 소고깃국이 소원"이라는 말이 있을 정도로 오랫동안 먹을 것이 부족했습니다. 풍요로운 바다와 기름진 땅이 있었지만 문제는 정치 시스템이었어요. "호남에만 풍년이 들면 조선 팔도가 모두 먹고살 수 있다"는 말이 있을 정도로 한반도의 자연환경이 좋았지만 백성의 밥상은 결코 풍요롭지 않았습니다.

그럼에도 나라는 세금과 부역을 강제했어요. 더는 버티기 힘든 사람들이 고향을 떠나면서 전국을 떠도는 유민이 되었습니다. 아무리 열심히 농사짓고 물고기를 잡아도 지역 호족과 관리들이 빼앗아 가니 삶의 의욕이 사라진 것입니다. 조선 후기까지 이런 상황이 이어졌습니다.

그 시절 우리 민족의 배고픔을 달래 준 것은 쌀이나 보리가 아니라 고사리나 곤드레 같은 나물이었습니다. '한반도 5000년간 초근목피를 안 했던 적이 있었나'라는 말이 있을 정도로 백성의 삶은 힘들었습니다. 고구려와 조선 초기와 후기 잠깐 번영하던 때를 제외하고는, 항상 끼니 걱정을 해야 했습니다. 그러나 이렇게 궁핍하고 어려운 시절일수록 '웅녀의 지혜'가 빛났습니다. 이 땅 어머니들이 아니었다면 우리도 존재하지 않았을 거예요.

이는 세계 공통 현상이었습니다. 중남미와 아프리카에서 여성들은 독성이 있는 풀뿌리인 카사바를 하루 종일 막대기로 두드려 음식으로 만들었습니다. 중남미 카리브해의 가난한 섬나라 아이티에서는 기근이 들 때마다 진흙과 곡식을 섞어 구워 자식에게 먹였습니다.

건강 비결이 난무하는 오늘날에도 마찬가지입니다. 어떤 음식이 가족의 건강을 지킬지 하는 고민은 여전히 어머니들의 몫이기 때문입니다. 채식과 고단백·고지방식 중 어느 것이 더 몸에 좋은지 논란이 많습니다. 저는 쑥과 마늘로 상징되는 '나물 밥상'이야말로 우리 민족을 지켜 준 최고의 밥상이라고 생각합니다.

국물

우리에게는 뜨거운 국물이 있사옵니다

"국물도 없다."

-사정을 전혀 봐주지 않겠다는 뜻의 한국 속담

　많은 사람이 우리나라를 온대 국가로 알고 있습니다. 위도가 비슷한 지역에 온대 국가가 많아서 그런 것 같아요. 그러나 사실은 달라요. 한반도는 충청도 이남만 온대 지역이고 나머지 3분의 2는 냉대 지역입니다. 독일의 지리학자 쾨펜이 제시한 기준에 의하면 '냉대'란 겨울 최고 추운 달(우리로 치면 1월이죠) 평균 기온이 영하 3도 미만인 경우를 말합니다.

게다가 인구의 5분의 1이 사는 서울은 여름에는 덥고 겨울에는 추운 분지입니다. 분지란 산으로 둘러싸인 지역을 말합니다. 그만큼 많은 사람이 추운 날씨 속에 살고 있다는 뜻이에요. 저는 2012년 1월의 추위가 아직도 생생합니다. 당시 서울 평균 기온이 영하 15도까지 떨어지는 맹추위가 거의 한 달 내내 이어졌습니다. 그해 2월에는 추위의 여파로 사망자가 예년보다 두 배 가까이 많았습니다.

여기에 바람이라도 거세게 불면 체감 온도는 급감하지요. 시베리아의 찬 공기가 매서운 북서풍을 몰고 오는데 조상들은 이 바람을 '삭풍'이라고 했습니다.

한반도만의 독특한 난방 방식, 온돌

한반도의 겨울은 춥지만 여름에는 덥습니다. 지역 차이도 심해서 한여름 내륙 지역인 대구는 35도가 넘는 불볕더위가 펼쳐지는 반면 겨울철 강원도 산간은 영하 20도가 훌쩍 넘는 추위가 찾아옵니다. 국토가 남북으로 길게 이어진 탓에 지역 간 기온 차이도 심해요.

우리 조상들은 이처럼 혹독한 자연에 탁월한 적응력을 보여 줍니다. 특히 추운 겨울, 난방에 신경을 많이 썼습니다. 그 결과 세계에서 보기 어려운 독특한 난방 시스템을 만들었어요. 바로 우리 민족의 창의성을 보여 주는 구들, 즉 온돌입니다. '구들'이란 땅에 구멍을 파고 그 위에 돌과 흙으로 바닥을 올린 것을 말합니다. 구들은 매우 과학적인 장치입니다.

열의 전달 방식은 전도, 대류, 복사 세 가지입니다. 전도는 접촉을 통해 열이 전달되는 방식입니다. 뜨거운 국물에 젓가락을 넣으면 금세 온기가 느껴집니다. 열에 의해 활발해진 금속 분자의 움직임이 젓가락을 따라 전달되어 일어나는 현상입니다.

두 번째, 대류는 열에 의해 액체와 기체가 순환하는 현상으로 대표적인 것이 물이 끓을 때입니다. 데워진 물은 위로 올라가고 차가워진 물은 아래로 내려오면서 내부에서 빙글빙글 돕니다. 국수나 된장국을 끓여 보면 냄비 가운데를 중심으로 국수 가닥이나 된장 국물이 솟아오르는 것을 볼 수 있습니다.

작은 냄비 속의 끓는 물은 지구의 해류나 바람의 원리를 설명해 줍니다. 바다와 대륙에 적용하면 계절풍의 원리가 설명됩니다. 여름철 북반구에서는 상대적으로 시원한 바다 쪽에서 뜨거워진 대륙 쪽으로 바람이 붑니다. 더운 공기가 위로 올라가면서 그 자리를 시원한 공기가 밀고 들어오는 거예요. 겨울철에는 반대로 육지에서 바다 쪽으로 바람이 붑니다. 이런 대류 현상을 중국인들은 상상의 동물인 용龍의 활동으로 설명했습니다. 서양인들은 이 바람을 이용해 1500년대 대항해 시대를 엽니다. 이 바람에 '무역풍'이라는 이름을 붙인 것도 이 때문입니다. 어쩌면 대류는 과학보다 역사에서 더 중요할지도 모릅니다.

복사는 고체나 액체 같은 중간 전달 물질 없이 바로 열을 전달합니다. 태양 에너지가 직접 지구에 전달되는 것을 생각하면 됩니다. 복사는 태양뿐 아니라 모든 물체들의 열전달 방법으로 사용됩니다. 여름에 옆 사람이 덥게 느껴지는 것도 그 사람이 가진 복사열 탓입니다. 복사는 지구 어디서나 일어납니다.

온돌, 따뜻한 집에 따뜻한 음식까지

재미있는 것은 우리나라 전통 난방 장치인 온돌(구들)이 앞서 얘기한 세 가지 열전달 방식을 모두 이용한다는 점입니다. 즉 아궁이에 장작을 때면 그 열이 전도를 통해 바닥으로 그대로 전해집니다. 뜨거워진 바닥의 열기는 대류 현상을 통해 골고루 방 안 공기를 덥혀요. 온돌은 복사를 통해 자체의 열기를 방 안에 뿜어냅니다. 그래서 열효율이 높습니다.

다른 나라의 난방 장치와 비교하면 이 점이 더욱 두드러집니다. 예를 들어, 서양 벽난로는 전도가 없습니다. 대류가 부분적으로 일어날 뿐이지요. 그래서 난로에서 멀리 있으면 춥습니다. 모다블치럼 복사에만 의존하니 열효율이 떨어지는 것이죠. 게다가 아궁이와 주거 공간이 분리된 온돌과 달리 직접 방 안에 설치하기 때문에 가스가 차고 재가 날립니다. 벽에 그을음이 생기죠.

물론 우리나라에서도 벽난로 같은 장치를 사용했습니다. 강원도 등 산간 내륙 지역에는 '코흘'이라는 장치를 설치해 방을 밝고 따뜻하게 합니다. 하지만 주된 설비는 구들입니다. 코흘은 방 안의 화로처럼 온돌을 보조하는 역할을 해요. 참고로 추운 지역인 강원도 산간에는 외양간도 집 안에 들여놓았습니다. 가축을 추위로부터 보호하려고 고안해 낸 방법이에요.

온돌은 우리나라와 만주 지방의 독특한 주거 시설입니다. 이는 시간이 흐르면서 다양한 방식으로 변합니다. 조선 초기까지 방 일부만 차지하는 '쪽구들'이 대부분이었습니다. 그러다 1300년 초부터 동남아와 중남미에서 화산 폭발이 일어나고 태양의 흑점 활동 등으로 전 세계의 기온이 급격히 낮아져요.

이때부터 우리나라 온돌은 방 전체로 확장됩니다. 당시 이런 방식의 온돌 설치에 적극적이었던 것은 막 건국한 조선 왕실이었습니다. "왕실에서 방 전체에 온돌을 놓았다"는 말이 돌면서 일반 백성에게 급속히 퍼집니다. 왕실의 유행이 양반가를 거쳐 일반인에까지 전달되면서 온돌은 지금과 같은 형태를 띠게 됩니다.

온돌방이 정착하면서 우리나라 사람들은 방에 들어갈 때 신을 벗습니다. 따뜻한 방바닥에 바로 몸을 눕혀야 하는데 더러우면 안 되잖아요. 반면 벽난로를 쓰는 서양은 신을 신고 들어갑니다. 환기를 위해 지붕에 구멍을 뚫기도 했어요. 바닥이 지저분하니 바로 눕기 어려워 침대 문화가 발달합니다.

우리나라는 돌집이 아닌 나무집이 발달했습니다. 보온 단열에 불리하지만 덥고 습한 여름에 지내기 좋아요. 마루는 시원스레 넓지만 방은 작게 짓습니다. 공간 활용을 위해 밥상처럼 작고 접어서 사용하는 가구가 발달합니다. 중국은 한나라 때까지 바닥에 상을 놓고 밥을 먹다가 당송 시기에 이르러 의자가 있는 식탁을 썼습니다. 반면 우리나라가 계속해서 밥상을 사용한 것은 온돌 문화 탓이 컸습니다.

한반도 주방에 무쇠솥이 걸린 까닭

온돌은 음식 문화에도 큰 영향을 끼칩니다. 아궁이에서 장작을 때면서 이 열을 이용해 요리했는데, 대표적인 설비가 바로 무쇠솥입니다. 통일 신라 시대 이후 정착된 무쇠솥은 음식을 푹 고아 내는 데 자주 쓰입니다.

우리나라 국물 요리는 고아 내는 조리법에서 비롯한 것으로 보입

권은중의 청소년 한국사 특강

고려 시대에 사용한 쇠솥. ⓒ국립중앙박물관

니다. 고려 시대 이후 고기 수요가 늘면서 국물에 대한 애착도 늘어
요. 지금도 많은 이들이 즐겨 먹는 설렁탕만 봐도 그렇습니다.

설렁탕의 유래는 조선 시대 왕이 하늘에 제사를 지내던 한양의 선
농단(현재 서울시 동대문구 제기동)입니다. 그때 제물로 바친 소를 잡아
끓여서 먹었는데 이를 '선농탕'이라 했습니다. 설렁탕뿐 아니라 우리
음식에는 온갖 탕이 등장합니다. 조선 후기 상업이 발달하면서 팔도
에 국밥이 탄생합니다. 심지어 국물을 차갑게 식혀서 국수를 말아 먹
는 냉면 같은 음식도 있어요.

"시원하다"는 감탄사만 보아도 우리가 얼마나 국물을 즐기는 민족

인지 알 수 있습니다. 뜨거운 국물을 삼키면서 왜 시원하다고 말하는 걸까요? 그만큼 따뜻한 국물이 주는 자극을 즐긴다고 보아야 합니다. 이 역설적인 감탄사야말로 국물 문화를 즐기는 한국인만의 입맛을 상징적으로 보여 줍니다.

따뜻한 국물은 한국인의 삶과 함께해 왔습니다. 한국인의 무의식을 지배하는 가장 중요한 키워드입니다. 누군가 그리워지는 겨울철 따뜻한 국물 한 사발은 한반도의 변화무쌍한 기후를 견디게 하는 큰 힘이 됐을 겁니다. 한반도의 독한 겨울을 이겨 내기 위해 만들었던 온돌은 우리의 밥상뿐 아니라 정신세계까지 파고든 음식 문화를 만들었던 것입니다.

밥상 위에 세워진 나라

2부
고대 국가의 형성

쌀

고대 국가를 만든 한해살이풀의 열매

"쌀(멥쌀)은 성질이 평平하고 맛이 달며 무독無毒하다."

-『동의보감』 중에서

한반도에 자리 잡은 조상들은 조·수수·보리 같은 거친 곡식을 먹다가 신석기 시대를 거치면서 드디어 쌀을 재배합니다. 그러면서 우리 민족은 그전과는 전혀 다른 세상을 만나게 됩니다. 우선 맛이 다릅니다. 보리나 조 등과 달리 부드러운 식감이 일품입니다. 이러한 쌀의 등장은 역사적인 변화를 몰고 옵니다. 바로 고대 국가의 탄생이에요. 도대체 쌀이 무엇이기에 역사까지 바꾼 걸까요?

세계 모든 지역에서 공통적으로 발견되는 국가 탄생의 조건은 두 가지입니다. 바로 곡식(혹은 음식)과 금속입니다. 곡식은 음식의 혁명을 뜻합니다. 곡식 덕분에 인간이 이곳저곳을 떠돌며 채집과 수렵에 의존하지 않고 정착을 통한 예측 가능한 삶을 살 수 있게 된 것입니다.

한해살이풀이 수백 년 가는 국가를 만들다

우리가 먹는 곡식은 대부분 한해살이풀입니다. 세계 3대 곡식으로 꼽히는 벼, 밀, 옥수수는 모두 벼과 식물입니다. 이 작물을 키우면서부터 우리의 생활 방식은 큰 변화를 겪어요. 그날그날 사냥과 채집으로 보내던 삶은 이제 작물의 생장 주기에 맞춰 1년 단위로 바뀝니다. 계절과 시간 개념의 발달은 곡식 탓이 큽니다.

농사는 시간과 계절 변화에 민감합니다. 봄-여름-가을-겨울의 변화는 파종-재배-수확-저장이라는 노동 행위와 연결됩니다. 봄이 되면 씨를 뿌리고 여름이 되면 풀을 뽑고 가을이 되면 거두고 겨울이 되면 다시 봄을 준비해요. 이런 생활은 경작 중심의 시간 개념을 만듭니다. 이것이 축적된 결과가 바로 달력이에요.*

국가를 이루는 두 번째 조건인 쇠와 구리 같은 금속은 다른 부족에 대한 정복을 뜻합니다. 곡식 재배로 먹거리가 풍족해지면서 부족 국가들은 힘을 기르게 됩니다. 먹을거리가 풍족해진 부족들은 각자 힘을 키워 곡식을 키울 땅과 노예를 차지하기 위한 정복 전쟁에 나섭니다. 작은 부족들이 서로 합치고 나눠지면서 고대 국가가 발생해요. 금속은 이 과정에서 청동기와 철기 같은 '무기'를 만드는 데 결정적인 역할을 합니다.

쌀은 다른 곡식들과 함께 우리나라 고대 국가 형성에 핵심 역할을 합니다. 쌀은 다른 작물보다 뛰어난 영양 공급원이기 때문입니다. 우리 조상들은 보리와 수수를 먼저 먹었을 겁니다. 보리는 1만 년쯤 인류가 최초로 재배하기 시작한 것으로 추정됩니다. 그런데 보리나 수수는 쌀에 견줘 식감이 거칠어요. 쌀만큼 배가 부르지 않습니다. 그래서 보리는 어느 나라나 피지배층, 즉 노예의 음식이었습니다.

게다가 쌀은 생산성과 칼로리가 높습니다. 단위 면적당 생산량이나 산출 칼로리가 밀과 수수의 거의 두 배입니다. 맛과 영양이 좋은 쌀을 확보한 고대 국가는 국력을 키울 수 있었습니다. 그만큼 많은 인구를 먹여 살릴 수 있었으니까요. 당시 인구수는 곧 국력을 뜻했습니다.

쌀이 얼마나 귀한 대접을 받았는지는 국가 운영에 꼭 필요한 세금 내역을 보면 알 수 있습니다. 우리나라는 오래전부터 쌀을 세금으로

---

* 우리가 오늘날 쓰는 달력은 고대 로마에서 처음 만든 것입니다. 로마는 이집트의 태양력을 개선해서 1년 365.25일을 기준으로 한 율리우스력을 만듭니다. 로마 황제 시저의 이름을 딴 이 율리우스력은 1582년 1년 365.2425일로 수정됩니다. 지금까지 쓰이고 있는 이 달력은 당시 이를 공표한 교황 그레고리오 13세의 이름을 따 그레고리력이라고 합니다.

걷었습니다. 조선 후기에 모든 세금을 현물이 아닌 쌀로 바치는 대동법大同法이 생길 정도였어요. 쌀은 삼베 같은 옷감과 함께 시장에서 화폐 역할을 했습니다.*

이처럼 중요한 쌀이 생산되는 지역마다 사람이 몰렸습니다. 한강, 금강, 대동강 하구가 대표적이에요. 한강 하구는 지금도 한반도의 중심입니다. 대동강 하구는 고구려가, 금강 하구는 백제가 있었습니다. 유럽도 사정은 비슷합니다. 유서 깊은 도시는 모두 강을 끼고 발달했어요.

이탈리아 테베레강에는 수도인 로마가 있고 영국 템스강에는 런던이 있습니다. 이는 먹을 것과 연관이 있습니다. 작물을 키우려면 필수적으로 물이 필요하거든요. 인류 4대 문명이 강에서 탄생한 것도 같은 이유입니다.

고대 국가를 만든 쌀의 비밀

쌀은 칼로리가 높고 비타민이나 무기질 같은 영양분이 풍부합니

---

* 음식과 옷감은 산업 혁명 이전까지 경제 활동의 핵심이었습니다. 거칠게 말한다면 현대 문명을 잉태한 산업 혁명은 식민지에서 설탕, 후추 등의 열대성 작물과 노예 무역으로 벌어들인 돈을 옷감을 짜는 기계 설비에 투자하면서 시작되었다고 할 수 있습니다.

　　　　　　　　　　　　　　　　　　　　권은중의 청소년 한국사 특강

충남 부여에서 출토된 청동기 시대의 불에
탄 쌀. ⓒ국립중앙박물관

다. 정제되지 않은 쌀(현미)은 필수 단백질(영양분의 8%)도 함유하고
있습니다. 쌀만 먹어도 충분히 생존할 수 있다는 뜻입니다. 쌀이 단
위 면적당 가장 많은 인구를 부양할 수 있는 곡식이 된 것도 이런 까
닭에서입니다. 참고로 밀의 단위 면적당 인구 부양 능력은 쌀의 70%
수준에 불과합니다. 사정이 이렇다 보니 쌀을 재배하는 민족은 가장
먼저 고대 국가로 발전할 수 있었습니다. 쌀을 주식으로 하는 중국과
인도 그리고 동남아 지역에서 강력한 고대 국가가 탄생했던 이유입
니다.

쌀의 또 다른 장점은 껍질이 잘 벗겨진다는 겁니다. 무슨 말인가 싶
겠지만, 고대인에게 곡식 껍질 벗기기는 만만한 일이 아니었습니다.
밀은 쌀에 견줘 딱딱했기 때문에 가루로 만들지 않으면 먹을 수가 없
었습니다. 인간이 밀을 완벽하게 가루를 내기 시작한 것은 증기 기관
이 발명되고 기계 공학이 발전했던 19세기 스위스에서였습니다.

이전까지 밀로 만든 빵은 검고 딱딱했습니다. 귀족들은 보기 좋으라고 인공 표백을 하기도 했어요. 그래서 서양 사람들 소원은 '흰 빵에 흰 버터'였습니다. 마치 옛날 우리가 '흰쌀밥에 소고깃국'을 동경했던 것처럼 말이에요.

옥수수는 밀과 쌀의 장점을 고루 갖추고 있습니다. 기후 영향을 적게 받고 인구 부양 능력도 밀보다 좋았습니다. 옥수수는 산악 지대나 건조한 기후에도 잘 자랐기 때문에 아메리카 대륙의 여러 문명이 발생하는 데 큰 역할을 합니다.

손쉽게 재배할 수 있는 옥수수는 쌀이나 밀처럼 대규모 저수지를 필요로 하지 않아 별도의 토건 사업이 필요 없습니다. 탈곡과 쟁기질도 필요 없는 데다 밀처럼 딱딱한 껍질이 없어 먹기도 편했습니다. 생장 기간도 90일이면 충분합니다. 밀을 키우는 사람 입장에서 보면 '기적의 곡식'이나 다름없는 셈이죠.

중남미에는 옥수수뿐만 아니라 감자, 고구마 같은 뛰어난 영양 공급원이 있었습니다. 18세기 중국과 유럽의 폭발적인 인구 증가의 배경에는 신대륙에서 유입된 옥수수와 감자가 있었습니다(상업과 무역을 등한시했던 조선에는 19세기에야 본격적으로 들어옵니다). 그런데 왜 이런 곡식이 풍부했던 남미에서는 강력한 고대 국가가 발생하지 않은 걸까요?

아이러니하게도 그 이유는 키우기가 지나치게 편했기 때문입니다. 대규모이 치수나 토지 정비 사업 등이 필요 없었기에 땅을 넓힐 이유도 없었어요. 그저 자기 땅에서 나는 농산물로도 충분했습니다. 심지어 저수지 같은 관개시설도 필요 없었습니다. 일부 중남미 문명이 동양이나 서양과 달리 강이 아니라 고도가 높은 지역에서 태동되었던 이유입니다.

동서양의 많은 지역에서 앞다퉈 농기구를 만들고 쌀과 밀을 생산하고 무기를 만들어 전쟁을 벌였지만 중남미 쪽은 사정이 달랐습니다. 그들은 치열한 경쟁 대신 신께 인간을 바치는 인신 공양에 몰두했습니다. 그래야 기적의 곡식인 옥수수를 선물해 주는 태양이 하늘에서 사라지지 않는다고 믿었어요. 일종의 '부자의 저주'였던 셈입니다.

그러나 중남미의 풍부한 먹을거리가 서양인들의 총과 칼을 막지는 못했습니다. 1492년 콜럼버스가 도착한 이후 남미 인구의 95% 이상이 죽습니다. 그들의 글과 문명은 거의 남아 있지 않습니다.

서로 다른 문명을 지녔던 두 세력의 충돌을 상징적으로 보여 주는 사건이 있습니다. 1532년 프란시스코 피사로가 이끌던 168명의 에스파냐 무장 세력이 8만 명의 잉카 군대와 전투를 벌입니다. 이 전투로 수만 명의 잉카 병사들이 죽고 아타우알파 왕은 에스파냐군의 포로가 됩니다. 기록을 보면 당시 에스파냐 군인들이 잉카 병사를 개미처럼 죽였다고 적혀 있습니다. 전쟁이 얼마나 일방적이었는지 알 수 있는 대목이에요.

당시 잉카 병사들은 곤봉과 청동기 칼과 창으로 무장했습니다. 에스파냐 군대는 쇠로 만든 칼과 창, 그리고 총으로 무장했었지요. 옥수수를 먹던 아메리카 민족은 밀을 먹던 에스파냐 군인들에게 상대가 되지 않았습니다.

그런데 중남미 인구의 대량 감소는 전쟁보다는 전염병 때문이었습니다. 이들은 천연두, 홍역 등에 면역력이 없었어요. 유럽과 달리 이 지역 사람들은 소나 말 같은 대형 포유류를 기르지 않았습니다. 소와 인간이 공통으로 걸리는 천연두 같은 전염병에 취약했어요. 결과적으로 불쑥 찾아온 유럽인의 몸에 숨어 있던 세균이야말로 중남미 선주민에게는 치명적인 생화학 무기였던 셈입니다.

역사를 되짚어 보면 문명 충돌에 '자비'란 없습니다. 옥수수를 먹던 민족과 문화는 절멸되다시피 합니다. 쌀을 먹던 민족은 어땠을까요? 한때 밀을 주식으로 삼은 세력의 식민지가 됐었지만 지금도 자신의 문화를 유지해 오며 건재합니다.

쌀의 포만감, 오히려 배고픔의 원인이 되다

쌀을 주식으로 하던 사람들은 밀을 먹는 지역보다 먼저 고대 국가를 만들었습니다. 중국·인도·동남아 등 쌀이 많이 나는 지역에서 고대 국가가 탄생해요. 한반도에서도 고조선 이후 강력한 왕권 국가들이 들어섭니다. 모두 쌀 덕분이었습니다. 한편 싸움도 끊이지 않았죠. 중국 쪽만 해도 수많은 북방 민족들이 만리장성 남쪽 따뜻한 지역을 차지하려고 전쟁을 벌였습니다. 바로 쌀 때문입니다. 당시 쌀은 곧 번영을 상징했습니다.

유목 민족에게 먹을 것이 풍부한 농경 민족의 땅은 꿀과 젖이 흐르는 낙원으로 보였을 것입니다. 라인강과 다뉴브강 건너편 게르만족들과 그보다 더 추운 곳에서 살던 노르만족이 남쪽 지역인 이탈리아와 프랑스를 호시탐탐 노렸던 것도, 여진족이나 거란족이 틈만 나면 중국 중원(황허강 중하류 지역)과 한반도로 밀려들어 온 것도 같은 이유였습니다.

우리나라에서도 조상들이 서로 차지하려고 애를 쓰던 노른자 땅이 있었습니다. 그곳이 한강 하구였습니다. 이곳은 쌀 생산량이 많은 데다 당시 세계 최대 경제 대국인 중국과 해상 교역이 가능한 항구가 여럿 있었습니다. 항구는 선진 문물의 창구입니다. 실제로 쌀을 좀 더 많이 생산할 수 있는 방법인 모내기, 그리고 거름을 주는 시비법 등 첨단 재배 기술들이 중국에서 들어와요.

모내기와 시비법은 요즘의 IT 혁명에 비유할 정도로 당시 사회 경제적으로 큰 변화를 몰고 옵니다. 시비법이 도입되면서 자영농이 등장합니다. 단위 면적당 생산량이 증가했기 때문이었습니다. 그전까지만 해도 2년에 한 번씩은 쉬어야 했어요. 거름을 뿌려 땅 힘을 북돋우면 땅을 놀릴 필요가 없었습니다. 생산성이 높아지자 농민들은 더 이상 귀족이나 승려들의 땅을 대신 경작하면서 그들 눈치를 볼 필요가 없어집니다. 이는 고려 멸망의 사회 경제적 요인으로 작용해요.

조선은 어땠을까요? 조선 조정은 가뭄에 농사를 망칠 수 있다는 이유로 모내기를 못 하게 했지만 조선 후기에 농민들의 요구로 모내기를 허용합니다. 여기에 지역 특산품 대신 쌀로 세금을 걷는 대동법을 도입하면서 경제가 크게 활성화되고 근대화의 조짐이 나타납니다. 역사적으로 선진 농법과 농업 생산력은 사회 전반에 큰 영향을 미쳤어요.

야생 쌀에서 시작한 품종 개량으로 오늘날 주식인 쌀은 크게 두 종류로 분류됩니다. 하나는 모양이 길쭉하고 푸석한 인디카(안남미)와 길이가 짧고 찰기가 있는 자포니카입니다.* 동남아시아와 인도는 인디카를, 우리나라와 일본은 자포니카를 주로 먹습니다. 중국은 두 종류를 다 재배하지만 인디카 생산량이 더 많습니다.

유전적으로 인디카가 우성이고 자포니카가 열성입니다. 멘델의 유전 법칙에 따르면 인디카가 세 개 나올 때 자포니카는 한 개밖에

---

* 인디카를 긴 모양이라는 뜻의 장립長粒형 쌀로, 작고 통통한 자포니카를 단립短粒형 쌀로 부르기도 합니다.

모내기를 하는 모습(1962년). ©충청남도

나오지 않습니다. 그런데 우리나라와 일본은 왜 굳이 열성인 자포니카를 먹었을까요?

여러 분석이 있지만 우선은 '맛'입니다. 자포니카는 찰기가 있어 같은 양을 먹어도 인디카에 견줘 포만감이 큽니다. 반면 푸석푸석한 인디카는 양념이 들어가거나 기름진 반찬과 먹어야 맛있습니다. 거기에 우리나라의 겨울은 혹독합니다. 그래서 열대나 아열대에 견줘 식생이 풍부하지 않습니다. 광범위한 목축도 어려워서 단백질과 지방을 얻기가 힘듭니다. 이런 조건에서 포만감을 느낄 수 있는 자포니카를 선택했습니다. 기온이 낮을수록 열성인 자포니카가 될 확률이 높다는 분자 생물학적 견해도 있습니다. 그러나 제아무리 좋은 품종을 선택해 생산량이 넉넉하다 해도 허기를 채우려면 잘 배분되어야 합니다.

우리나라 사람들은 고대 국가가 성립된 이후 1970년대까지 오랫동안 배불리 먹지 못했습니다. 이유는 자연이 아닌 '사람' 때문입니다. 잦은 외침과 지배 세력의 수탈로 농민들이 자신의 손으로 일군 곡식 대부분을 이곳저곳에 빼앗겼던 탓입니다. 서양도 중세 때까지 사정은 마찬가지였습니다.

고려 시대 때만 해도 일반 백성은 지배 세력의 식량 생산을 위해 신분을 구속받아야 했습니다. 당시 일반 양인은 '백정'으로 불렸습니다. 백은 '서민'이라는 뜻이었고 정은 '장정'을 말했습니다. 이들은 대부분 서양의 농노처럼 거주 이전의 자유가 없는 소작농이었습니다. 그해 작물 생산량의 절반은 지주인 귀족이나 승려에 바쳐야 했고 그 나머지에서 10%를 국가에 세금으로 바쳤습니다. 거기에 공납과 병역·부역의 의무까지 있었으니, 이들의 삶이 어땠는지는 불을 보듯 뻔합니다. 왜 환생과 내세를 꿈꾸는 종교가 당시 사람들 사이에 퍼졌는지 쉽게 알 수 있어요.

쌀의 풍부한 생산력만으로는 사회를 발전시키기에는 한계가 있습니다, 중요한 것은 생산된 자원을 합리적으로 배분하는 시스템이라고 말할 수 있습니다.

지금은 매년 쌀이 남아돌아서 고민하고 있습니다. 한반도에 상전벽해의 기적이 일어난 것이죠. 그렇다면 이 기적은 어떻게 이뤄진 것일까요? 이는 왕과 양반이 아닌 시민들이 법에 따라 선거로 직접 지도자를 뽑는 민주주의 공화정 국가가 세워진 뒤에야 비로소 일어났습니다. 거칠게 말하자면, 민주주의와 산업화가 백성의 배를 채우는 마법이라고 할 수 있습니다. 조선 편에서 이 법칙을 자세히 살펴보겠습니다.

쇠

풍요와 전쟁의 도구가 되다

"칼을 두드려 쟁기를 만들고 창을 쳐서 낫을 만들어라."

-성경 『이사야서』 중에서

인류 문명은 인간이 돌을 능수능란하게 다루게 된 신석기 시대 말기에 싹텄습니다. 강을 끼고 시작한 대부분의 문명은 농업 혁명에 근거하고 있습니다. 이 농업 혁명은 쌀·밀·옥수수처럼 오늘날 우리가 많이 먹는 곡식이 아니라 보리·귀리·기장·수수 같은 거친 곡식을 기반으로 이루어졌습니다.

인가이 쇠를 얻으면서 농업 혁명은 본격화됩니다. 쇠로 농기구를 만들면 더 튼튼하고 오래 쓸 수 있습니다. 그러면서 더 많은 곡식을 재배하게 됐는데 그중 으뜸은 쌀과 밀이었습니다. 고대 농업 기술의 핵심은 날카로운 괭이인 보습이었습니다. 농부들은 이 쇠 농기구로 더 깊이 땅을 갈 수 있었습니다. 이를 개량하여 크기를 키우고 소나 말을 이용한 것이 쟁기입니다. 보습과 쟁기는 농업 생산성을 비약적으로 증가시킵니다.

쌀과 쇠는 문명을 이끈 두 축이지만 출발부터 다른 길을 만들어 나갔습니다. 쌀이 배고픔을 채웠다면 쇠는 지배 욕구를 충족시켰습니다. 대지와 생명을 주신 신과 자연을 찬미하던 인간은 값싸고 흔하지만 단단한 광물인 쇠를 얻으면서 돌변합니다. 바로 전쟁의 등장입니다.

쇠의 발견, 대규모 전쟁으로 이어져

쇠를 가장 먼저 발견한 민족은 중동의 히타이트^{Hittite}족입니다. 중동 메소포타미아 지역은 인류 역사에서 가장 먼저 문명을 잉태한 지역의 하나입니다. 지금은 기후 변화로 사막에 가깝지만 과거에는 성경에 등장하는 에덴동산이 바로 그곳이었다고 할 만큼 풍요로운 땅이었습니다.

이 지역에 농업이 발달하면서 빠르게 고대 국가가 생깁니다. 먹을 것이 남아돌자 생계와 상관없이 정치, 행정, 군사, 과학을 연구하는 전문 직종이 생깁니다. 부족 국가 시절에는 볼 수 없었던 새로운 인간형의 탄생이었습니다.

이들은 하늘과 신의 섭리대로 사는 대신 목표와 성과를 중요시하는 조직적 사고를 했습니다. 대표적인 직업이 군인이었습니다. 고대의 군인은 명령에 살고 명령에 죽는다고 할 만큼 목적을 위해 수단과 방법을 가리지 않습니다. 명령을 받으면 적뿐 아니라 자기 백성도 공격할 수 있다는 이야기입니다. 이런 계급들이 모여 고대 관료제를 이룹니다.

군인의 주요 목표는 적의 침략을 방어하는 일과 함께 노예와 영토를 차지하는 정복 사업이었습니다. 또 피정복자들을 복종하게 만드는 일도 중요했습니다. 그래야 세금을 징수하고 노역을 안정적으로 제공받을 수 있었으니까요. 고대 국가를 발전시키려면 막강한 군사력은 필수였습니다.

누구나 가질 수 있는 돌칼이나 돌창이 아니라 차원이 다른 무기가 필요했습니다. 처음에는 구리와 주석을 녹인 청동기를 썼습니다. 청동기 무기는 확실히 돌보다 강했습니다. 또한 지배자들은 자신의 권위를 드러내는 데에도 이 금속을 사용했습니다. 지배자는 청동 방울

히타이트의 수도 하투샤의 출입문 중 하나인 '사자의 문'. ⓒ위키백과

과 청동 거울을 들고 자신들이 신의 뜻에 의해 다스리는 사람이라는, 일종의 제천 행위를 벌였습니다.

청동기가 등장하면서 전쟁의 승패는 누가 얼마나 단단하고 강력한 무기를 만드느냐가 중요하게 됩니다. 그러나 청동기의 주요 재료인 구리와 주석은 흔한 광물이 아니었습니다. 지금도 구리 생산 지역은 중앙아시아·남미·호주 등으로 제한되어 있어요. 당시도 마찬가지였습니다. 주석도 구하기 쉬운 금속은 아닙니다.

농업 생산물이 넘쳐나는 이웃 부족을 정복하고 싶은데 청동검은 구리와 주석이 귀해서 만들기 어렵고 돌칼로 싸워서는 승부가 나지 않았습니다. 이때 히타이트족이 '쇠'라는 새로운 광물에 눈을 돌립니다. 인간의 정복욕이 드디어 쇠와 만나는 순간입니다. 이 지역에는 쇠가 지천으로 널려 있었어요. 구리보다 구하기 쉬웠습니다. 메소포타미아 지역은 먹을 것이 풍부했던 만큼 많은 인구가 살았습니다. 그만큼 부족 간의 전쟁이 빈번했어요. 이런 상황에서 히타이트족이 인류 최초로 쇠를 녹여 무기를 만듭니다.

구리는 상온에서 손으로도 휠 수 있지만 쇠는 그렇지 않습니다. 훨씬 강도가 세요. 청동 무기가 주로 찔러서 상해를 입혔다면 철은 벨 수도 있었습니다. 다만 제작 기술이 좀 더 복잡했습니다. 구리는 약 1000~1100도면 녹습니다. 우리가 사용하는 가스 불로도 녹일 수 있어요. 하지만 쇠는 약 1500도에서 녹습니다.

기원전 15세기 히타이트족은 풀무를 이용한 제련 기술을 고안해 냅니다. 풀무로 산소가 듬뿍 든 공기를 용광로에 불어넣으면 고온의 불로 쇠를 녹일 수 있습니다. 또한 장작보다 고온의 불을 일으키는 숯을 사용하게 되면서 인간은 쇠를 자유자재로 다루게 됩니다.

쇠, 값싸고 날카롭게 군대 무장시켜

쇠는 지구뿐 아니라 우주에서 가장 흔한 원소입니다. 별이 수명을 다해 폭발할 때 별의 내부가 쇠로 변하기 때문입니다. 수소로 가득 찬 태양계의 중심 별인 태양도 앞으로 50억 년 후에는 태양의 내부가 쇠로 변화하면서 결국은 붕괴할 거로 예측됩니다. 즉 쇠는 수십억 년 빛난 후 수명을 다한 아름다운 별의 조각들이라고 할 수 있습니다.

그러나 인간의 손에 들어온 쇠는 더 이상 아름다운 별처럼 빛나는 존재가 아니었습니다. 쇠를 다룰 줄 알게 된 히타이트족은 쇠로 낫과 괭이가 아닌 칼과 창을 만듭니다. 지금으로 치면 핵무기만큼이나 강력한 철기 무기로 무장한 히타이트 군대는 중동 전역에 피바람을 일으킵니다. 이들은 피지배자들을 모두 노예로 만들고 말을 듣지 않으면 무자비하게 살육하는 정복 사업을 벌입니다. 4세기의 훈족이나 유럽의 게르만족 그리고 13세기 몽골 제국에 버금가는 끔찍한 전쟁이었습니다.

이들에 대항하기 위해 중동의 여러 나라가 무기 개발에 박차를 가합니다. 그중 하나가 전차였어요. 전차가 발명되면서 전쟁은 더 무시무시해집니다. 티그리스강과 유프라테스강 상류 지역에 세워진 아시리아에서는 인류 최초로 기병을 만듭니다. 말을 타고 달리는 군대가 등장하면서 전차의 역할은 축소됩니다.

말을 탄 기병은 총으로 무장한 보병들이 등장하기 전까지 거의 2000년 동안 군대의 핵심 전력으로 자리매김합니다. 고대 병사들에게 말을 타고 창과 칼을 휘두르며 돌진해 오는 적의 기병은 오늘날 탱크나 대포처럼 두려웠을 겁니다. 기병의 위력은 168명의 군사로 8만 잉카 군대를 이긴 에스파냐-잉카 전쟁에서 분명히 드러납니다. 철갑으로 무장한 말과 그 위에 올라탄 에스파냐 병사는 말을 보지 못했던 선주민들에게는 공포 그 자체였을 거예요.

철제 무기, 전차, 기병은 곧 유럽과 아시아로 퍼져 나갑니다. 우리나라에는 기원전 400년쯤 고조선에 철기가 전해집니다. 이는 끊임없는 전쟁의 시작을 의미했어요. 강력한 무기는 "우리도 한번 전쟁으로 이웃 나라를 노예로 만들어 볼까?" 하는 핏빛 욕망을 품게 합니다. 조총으로 무장했던 일본이 최초로 일본 전국 시대를 끝내고 통일하자마자 조선을 침략하는 임진왜란을 일으켰듯이 말입니다.

철기 덕분에 한반도 주변 부족 국가들은 강력한 고대 국가로 탈바꿈합니다. 중국도 마찬가지입니다. 청동기를 주로 쓰던 춘추 전국 시대가 막을 내리고 철기로 무장한 신흥 강국 진나라가 기원전 221년 중국을 통일합니다.

쇠, 중국과 고조선의 역사를 바꾸다

고조선에도 정권 교체가 일어납니다. 중국에서 온 위만이 고조선 왕이던 준을 밀어내고 권력을 잡습니다. 이를 위만 조선이라고 부릅니다. 기록에 따르면 위만은 중국인이 아니라 연나라에 살던 고조선 사람이었습니다. 준왕은 망국의 한을 안고 지금의 전북 익산 지역으로 내려가 나라를 세우지만 주변 국가에 흡수된 것으로 추정됩니다.

이처럼 철기 시대에 접어들면서 중국과 한반도의 지배 세력들은 끊임없이 전쟁을 벌입니다. 안타깝게도 고구려가 거둔 몇 번의 대승을 제외하고는 대부분 중국 세력에 밀립니다. 전력의 차이는 농업 혁명을 기반으로 한 경제력에 기인한다고 여겨집니다. 풍부한 식량은 인구 증가로 이어지고 이에 따라 군사력도 커집니다.

오늘날 중국 인구는 15억 명에 이릅니다. 우리는 남북한을 합쳐도 7000만 명 정도예요. 옛 고구려 땅 인구를 합쳐도 1억 명쯤 됩니다. 중국은 한나라 때 이미 1억 명이 넘는 인구를 가졌을 것으로 추정됩니다. 우리나라 고려 초기 인구가 500만 명인 것을 감안하면 어마어마한 차이예요. 오늘날 중국의 쌀 생산량은 우리나라보다 20배 이상 많습니다. 아마도 고대에는 그 차이가 훨씬 컸겠지요. 그런 중국과의 여러 번 전쟁에서 거듭 승리했던 고구려는 정말 대단한 국가였던 것입니다.

고구려의 강력한 군사력은 철과 말에서 찾을 수 있습니다. 고구려는 쇠를 다루는 제련 기술이 발달했고 부여와 마찬가지로 기마 민족의 후예여서 말을 잘 다루었습니다. 유물로 발견된 철제 마구와 갑옷이 이를 증명합니다. 훗날 기마 민족이던 몽골이 13세기 중국은 물론 유럽까지 점령했다는 사실을 생각하면 당시 고구려의 군사력도 만만치 않았음을 알 수 있습니다. 중국 왕들이 고구려高句麗의 '높을 고高'를 일부러 '낮을 하下'로 바꿔 '하구려'라고 애써 하대했던 이유도 바로 여기에 있습니다.

철기 문명은 만주를 거쳐 한반도 남쪽으로도 전파됩니다. 삼한 지역 여러 나라들이 이를 흡수해 강력한 왕권 국가로 발돋움합니다. 동남쪽에 치우친 신라는 이 중에서도 후발 주자였습니다. 신라는 고구려, 백제가 강력한 중앙 집권으로 국가의 기틀을 닦고 있을 때에도 여전히 부족 국가의 모습을 띠고 있었습니다. 고구려와 백제가 장자 세습 왕권을 구축했을 때 신라가 김씨·박씨·석씨가 돌아가면서 왕위를 이어간 것만 봐도 알 수 있습니다. 정치 체제 수립, 율령 반포, 불교의 국교화도 신라가 삼국 가운데 가장 늦었습니다.

한편 가야는 강력한 철기 문명을 가진 부족 국가였습니다. 옥저와 동예 등은 고구려에 금세 합병됐지만 신라와 가야는 한참 떨어진 지리적 위치 덕분에 강력한 철기 국가인 고구려에 합병당하지 않았어

중국 지린성에 있는 고구려 고분인 무용총 벽면에 그려진 〈수렵도〉 일부분. 고구려인이 말을 잘 다루는 기마 민족의 후예임을 보여 준다.

요. 오랫동안 고유한 문명을 이어 갔습니다. 그래서 어떤 학자들은 이 시기를 고구려·백제·신라의 '삼국 시대'가 아니라 부여·고구려·백제·신라·가야의 '오국 시대'로 보아야 한다고 주장합니다. 중국이 동북아 역사를 자국 중심으로 왜곡하는 요즘, 북만주 지역에서 나라를 세운 부여의 존재를 상기시키는 이러한 주장을 우리가 적극 검토해야 한다고 생각해요. 아쉽게도 남북이 분단된 상황에서 부여에 대한 연구가 쉽지 않은 것이 현실입니다.

이처럼 한반도의 북쪽 울타리 역할을 하던 고조선 멸망을 기점으로 훗날 통일 신라가 등장할 때까지 약 700년간 전쟁에 휩싸입니다. 이런 전쟁은 한반도뿐 아니라 비슷한 시기 철기 문명이 전파된 지역에서는 피할 수가 없는 숙명이었습니다.

민주주의의 발상지로 여겨지는 고대 그리스도 예외는 아니었습니다. 이 지역은 400여 년간 도시 국가들끼리 전쟁을 벌입니다. 그러다 군국주의 국가 스파르타가 민주주의를 만든 아테네를 꺾고 그리스의 패권을 잡아요. 하지만 그리스의 도시 국가들은 곧 북쪽 마케도니아에 점령을 당합니다. 동아시아와 서아시아에서는 진나라·한나라와 페르시아 같은 대제국이 등장해요.

한반도의 사람들도 같은 시기 세계적 흐름과 다르지 않게, 농기구나 농업 혁명을 통해 자신의 생산력을 높이기보다는 칼과 창으로 남의 것을 빼앗는 것이 훨씬 더 요긴하다는 것을 알아차립니다. 그래서 압록강 이남의 한반도 지역에서 피비린내 나는 전쟁이 벌어졌습니다. 이 전쟁은 918년 고려의 건국으로 비로소 일단락되었습니다.

쇠는 밤하늘을 빛내는 별의 파편입니다. 하지만 아름다운 별의 조각은 지상으로 내려와 참혹한 역사가 되었습니다. 물론 그것은 쇠 탓이 아닙니다. 인간은 쇠로 쟁기와 낫을 만들었어요. 덕분에 배불리

머을 수 있게 되었지요. 쇠는 밤하늘의 별처럼 아름다운 삶을 선물하기도 하고 끔찍한 전쟁을 일으키기도 합니다. 인간이 어떻게 사용하느냐에 따라 그 결과가 달라질 뿐이에요.

닭

왜 왕들은 알에서 나왔을까?

"구지봉에서 주민들이 하늘에 제사를 지내고 춤추고 노래하자
하늘에서 붉은 보자기로 싼 금빛 그릇이 내려왔는데,
그 속에는 태양처럼 둥근 황금색 알이 여섯 개가 있었다."

-『삼국유사』'가락국기' 중에서

　　인류가 가장 많이 키우는 동물은 무엇일까요? 소나 돼지가 아니라 닭입니다. 최근 통계를 보면 인류는 한 해에 무려 500억 마리의 닭을 먹어 치웁니다. 그래서 인류가 공룡처럼 멸종하면 먼 미래 새롭게 등장할 지구의 주인들은 인류가 살고 있는 지금 시대를 '인류세'로 부르고 닭 뼈가 이 시기를 대표하는 화석이 될 거라는 관측도 있습니다.

닭은 소나 돼지보다 생육 기간이 짧은 데다 한 해에 100·200개가량의 알을 낳아 오랫동안 인류에 단백질을 공급해 준 고마운 가축입니다. 닭은 동남아시아가 원산지입니다. 기원전 3000년쯤 날지 못하는 새인 야생의 닭을 잡아 가축화했고 이것이 중국 등을 통해 한반도로 전해진 것으로 보입니다.

닭, 단순한 먹거리가 아니었다

닭은 날개가 퇴화하여 조류임에도 날지 못합니다. 원래 조류는 뱀·악어·도마뱀 같은 파충류와 더불어 오랫동안 육지에서 생활해 온 동물입니다. 인간은 하늘을 나는 새를 동경해 왔습니다. 그만큼 '비행'은 다른 동물과 구별되는 점이기도 해요. 하늘다람쥐 같은 일부 포유류도 날 수는 있지만 새처럼 오래 먼 거리를 비행할 수는 없어요.

철새는 까마득한 거리를 날아 목적지에 도착합니다. 신기한 일이에요. 새들은 자신들이 가야 할 곳을 어떻게 알까요? 학자들은 새가 지구 자기장에 반응한다고 생각합니다. 그렇게 해서 시베리아나 적도 인근까지 무려 수천 킬로미터를 이동할 수 있다고 해요. 인간은 중세 이후에 들어서야 나침반과 지도를 만들었어요. 새들은 훨씬 전부터 자유롭게 지구 곳곳을 누볐습니다.

과학이 발달한 지금도 사람들은 새들의 놀라운 능력에 감탄합니다. 우리 조상들은 더 했겠죠? 우리에게는 먹을 것을 찾아 먼 길을 이동하던 과거 수렵 채집 시절의 디엔에이가 새겨져 있습니다. 어쩌면 그래서 순식간에 하늘로 날아가는 새들을 동경했는지도 몰라요. 실제로 우리 조상들은 새를 하늘과 인간을 이어 주는 신성한 존재로 생각했습니다.

　새를 숭배한 흔적은 지금까지 남아 있는데 대표적인 것이 솟대입니다. 긴 장대 위에 기러기나 오리 조각을 올려놓았어요. 솟대의 원형은 시베리아와 만주의 북방 민족에서 찾을 수 있습니다. 특히 러시아 하바롭스크 주변에서 발견된 솟대는 우리나라 것과 거의 모양이 같아요. 이 지역은 과거 고구려 유민들과 함께 발해를 세웠던 말갈족 후예들이 살았던 곳입니다. 솟대는 나무에 매다는 천과 함께 우리나라 무속 신앙의 중요한 상징입니다.

　우리 조상들은 부족 국가 시기부터 하늘에 올리는 제사를 매우 중요하게 생각했어요. 이 제사를 주관하는 사람이 나라를 통치했습니다. '단군'이나 신라 시대 '차차웅' 같은 말은 모두 이런 제사장을 뜻하는 단어였어요. 그래서 학자들은 "단군이 기원전 2333년에 고조선을 건국하고 1908살까지 살았다"라는 『삼국유사』의 기록을 단군이라는 제사장이 수천 년 동안 정치 권력을 잡았다는 식으로 해석합니다.

솟대 풍경(2020년) ⓒ인천광역시

알에서 태어난 건국 시조들

철기 문명이 들어오면서 제사장과 왕이 분리됐지만 새에 대한 숭배는 여전했습니다. 이는 고대 건국 신화에 그대로 투영됩니다. 많은 건국 영웅들이 알에서 태어나요. 동명성왕(고구려)과 박혁거세(신라) 그리고 김수로왕(가야)은 모두 알에서 태어났다는 설화가 전해집니다. 이 가운데 닭과 연관이 있는 박혁거세왕의 탄생은 이렇게 묘사됩니다.

"옛날 진한 땅에 여섯 마을이 있었는데 그 조상들은 모두 하늘에서 내려왔다고 믿었다. 이 마을 사람들이 임금을 찾으러 높은 곳에 올라가 남쪽을 보니 산 밑 우물곁에 이상한 기운이 번개처럼 땅으로 내려오더니 웬 흰 말 한 마리가 무릎을 꿇고 절하는 시늉을 하고 있었다. 자세히 보니 푸른 빛 알이 있었다. 말은 사람을 보자 울음소리를 내며 하늘로 올라갔다. 그 알을 쪼개 보니 모습이 단정하고 아름답게 생긴 사내아이가 있었다. 이 아이의 이름을 혁거세라고 했다"

재미있는 점은 이런 식으로 알이 등장하는 창조·건국 신화가 세계적으로 제법 많다는 것입니다. 알이 갈라져 반쪽은 하늘이 되고 반쪽은 땅이 되는 이야기는 중국은 물론 멕시코 아즈텍, 남태평양 마오리족 신화에도 등장합니다.

고대인들에게 해와 달 그리고 땅과 바다는 경이로운 동경의 대상이었을 터이고 이를 설명하고 싶었을 것입니다. 그 옛날 사람들은 그 근거를 과학이 아닌 상상력에서 찾았어요. 각 민족들은 창조의 신을 만들고 자신들을 그 후손으로 여겼습니다.

요즘으로 치면 신문 기사에 등장하는 성공 신화와 비슷해요. "어릴 때부터 불의를 참지 못했고 학생 때는 예습·복습을 철저히 했으며 학원은 전혀 다니지 않았다. 그럼에도 명문대에 수석으로 입학했고 고시도 합격했다. 그래서 오늘날 위대한 사람이 되었다"라는 과장된 이야기처럼 말이에요.

정치인이나 연예인처럼 대중적 지지가 필요한 사람들은 미디어를 활용해 신화를 퍼뜨립니다. 고대 국가의 지배자들도 그랬을 거예요. 그래서 자신들이 하늘에서 내려온, 혹은 신에게서 특별히 선택받은 사람이라고 주장했을 겁니다. 신화를 생산하고 퍼뜨린다는 점에서 오늘날 방송 등 각종 매체는 과거 신전의 역할을 한다고 말할 수 있습니다.

가짜 정보가 넘쳐나는 요즘에도 사람들이 여전히 방송이나 신문을 무비판적으로 받아들여요. 하물며 정보량이 부족했던 고대인들은 어땠을까요? 16세기에 남미 사람들은 자신들을 정복하러 온 에스파냐 병사를 하늘에서 내려온 신으로 생각하고 환대했습니다. 오랫동안 믿어 온 신화를 현실로 착각한 거예요.

옛날 사람들은 신화적 사고방식에 익숙합니다. 조선을 세운 이성계가 청년 시절 불이 난 집안에서 기둥 세 개를 들고 나오는 꿈을 꾸었다고 하죠. 이 이야기를 정신적인 스승인 무학대사에게 들려주니 왕이 될 꿈이라고 해몽합니다. 오랫동안 전해 내려오는 이야기예요.

그런데 정말 이성계가 이런 꿈을 꾸었을까요? 무학대사의 해몽도 역사적 사실일까요? 어쩌면 훗날 사람들에 의해 각색된 것은 아닐까요? 지배 권력에 정당성을 주는 역할을 한 것은 아닐까요? 과거 지배자들에게 권력을 정당화하는 신화는 매우 중요했습니다. 사람들에게 믿음을 주어야 했으니까요. 교통이나 통신이 발달하지 않았던 시대에는 국토 전역에 통치자의 행정력이 미치지 않았습니다.

하지만 '이야기'는 달라요. 북쪽과 남쪽 먼 지역의 백성들의 귀에 흘러들어 간 신화는 강력한 힘을 발휘합니다. 왕이 하늘을 대신해서 다스린다는 데 누가 감히 거역할 수 있었을까요? 신화와 전설이 바로 이런 역할을 합니다. 고대 국가가 형성되면서는 그 역할을 종교가 맡습니다. 지배자는 신의 권능을 대신하며 백성들은 그 뜻을 따라야 합니다. 권력과 종교(혹은 미디어)의 결합은 이처럼 오래된 역사를 지니고 있어요.

인간의 이성이 제 역할을 하지 못하던 시기에는 '믿음'이 그 자리를 대신합니다. 신화적 상상력은 여기에 이야기를 입혀요. 우리 조상들은 새를 적극적으로 끌어들였습니다. 고구려의 벽화를 보면 사람들이 깃털을 꽂은 관을 쓰고 있습니다. 또 당나라 벽화에 등장하는 신라 사신들은 깃털로 만든 모자, 즉 조우관鳥羽冠을 쓰고 있어요. 당시 깃털 장식은 지배자의 권위를 상징했어요.

신라인들이 닭을, 고구려인들이 까마귀를 숭배했던 전통은 후대까지 이어집니다. 흥부전이나 동학 농민 전쟁 때 나온 민요에도 등장해요. 여기 나오는 제비나 파랑새는 고단한 현실 너머 어딘가 있을 피안의 세계로 이어 주는 끈(매개체)으로 인식됩니다.

그러나 신화의 세계에서 날갯짓하던 새는 땅에 내려앉는 순간 단백질 공급원이 됩니다. 세계 모든 나라는 새 요리가 발달해 있습니다. 인간은 닭뿐 아니라 오리, 비둘기, 메추라기나 작은 참새까지 잡

변상벽이 그린 〈어미 닭과 병아리〉
(조선 시대). ⓒ국립중앙박물관

아서 먹었습니다. 중세 유럽에서도 귀족들이 새 요리를 돼지나 소고기를 이용한 요리보다 고귀한 음식으로 여겼다는 기록이 있습니다.

그렇지만 일반 백성들은 새 요리를 마음껏 먹지 못했습니다. 백성 대부분이 농노처럼 일했던 고려 시대나 생산력이 발달하기 전 조선 시대 때까지 닭은커녕 달걀도 구경하기 어려웠어요. 1970년대 이전까지도 달걀은 어른 밥상에나 올리던 귀한 음식이었습니다. 개별적으로 놓아기르는 닭에서 알을 얻기란 쉽지 않았어요. 하루에 고작 몇 개의 달걀을 얻을 수 있을 뿐이었습니다. 지금처럼 우리 식탁에 달걀이 흔해진 것은 1960년대 이후 공장식 축산이 도입된 이후입니다.

유럽도 사정은 마찬가지여서 고기를 양껏 먹은 지 얼마 되지 않습니다. 1829년 프랑스의 한 기록을 보면 대다수 국민이 1주일에 한 번 소금에 절인 고기를 먹을 수 있었습니다. 과거에는 더 심했어요.

프랑스 근대화의 초석을 놓았다는 앙리 4세(1553~1610)의 국정 목표는 "적어도 1주일에 한 번쯤은 모든 백성이 닭고기를 먹을 수 있게 한다"였다고 합니다. 해상 강국인 영국, 네덜란드에 견줘 국력이 한참이나 뒤처졌던 프랑스는 앙리 4세 이후 비약적으로 발전합니다. 식량 사정도 나아져서 이후 포도주로 조린 닭 요리인 코코뱅(coq au vin, 포도주에 잠긴 수탉이란 뜻)이 대중적으로 퍼집니다. 포도주를 요리에 쓰면 알코올이 고기 비린내를 없애 맛이 좋아집니다. 동양에서 청주나 황주(중국술)를 요리에 사용하는 것도 같은 이유입니다. 프랑스인들이 닭 요리를 즐기면서 닭은 프랑스를 상징하는 동물이 됩니다.

우리는 모두 알에서 태어난 평등한 존재다

고대의 왕들은 신의 대리자를 자처했습니다. 그럼으로써 자신이 백성을 다스리는 것은 하늘의 섭리처럼 당연하다고 생각했습니다. 이러한 신분 의식은 진화를 거듭합니다. 국가의 틀이 갖춰지면서 신분제가 세분화·구체화됩니다. 우리가 아는 신라 시대 골품제가 대표적입니다. 당시 지배 세력을 혈통에 따라 왕족인 성골과 진골을 포함해 등급별로 나눕니다. 이들은 결혼도 마음대로 하지 않았습니다. 혈통을 지켜야 했기 때문이에요.

신라 시대는 물론이고 고려 시대까지 왕족끼리 결혼하는 근친혼이 빈번했습니다. 귀족 신분은 세습되었으며 이들에게는 특권이 주어졌습니다. 시험 없이 관직에 등용될 수 있었어요. 물론 이때도 혈통에 따라 등급이 나누어졌습니다. 이렇게 정해진 신분대로 살아야 하는 숨 막히는 사회가 고려 시대까지 이어집니다. 우리가 역사에서 고려 시대까지를 중세로 배우는 이유입니다.

그나마 조선 시대에 들어서는 복잡한 신분 제도를 단순화했습니다. 양인들도 과거를 통해 신분 상승을 할 수 있는 기회를 줬습니다. 조선 초기 이런 역동성은 국가 발전의 동력이었습니다. 반면 삼국 통일이라는 큰일을 이루었음에도 골품제라는 신분 제도를 고집한 통일 신라는 쇠퇴를 거듭합니다. 숱한 반란과 내란에 휩싸이다 결국 망하고 말아요. 경직된 사회 제도 때문입니다. 신라 사람들은 귀족도 사회 진출에 제한을 받았어요. 예컨대 골품제 체제하에서 6두품이나 지방 호족들은 아무리 노력해도 차별에서 벗어날 수 없었습니다. 심지어 품계에 따라 입는 옷과 쓰는 그릇도 달랐을 정도였습니다.

회사에서 열심히 일해도 임원은 대주주 가족들만 한다면 그 회사 사람들은 의욕이 있을까요? 알에서 나온 왕의 후손이 아니면 사람 취급을 받지 못하는데 불만이 없을 수 없었겠죠. 그런 사회가 발전하기란 힘들었을 겁니다. '알'에 집착했던 옛날 사람들은 사실은 인간 모두가 진짜 알인 수정란에서 태어난다는 사실을 몰랐습니다. 우리는 이제 난자와 정자가 결합한 수정란에서 인간이 탄생하고 모든 인간이 평등하다는 사실을 상식으로 여깁니다. 신화는 그저 신화로 이해해요.

고대인들이 왕후장상에 씨가 따로 있다는 믿음을 갖고 신분 제도를 당연하게 받아들인 것은, 정확하게 말하면 정보 부족 때문입니다. 고대인들은 가혹한 노동에 시달리면서도 교육의 기회를 갖지 못했습니다. 지식과 정보, 판단력이 부족한 상황에서 신분 제도를 숙명으로 받아들인 거예요. 지배 세력은 백성이 똑똑해지는 것을 바라지 않습니다. 그들은 신분 제도를 정당화하기 위해 신화와 종교로 자신을 덧칠했어요. 난생 신화도 그렇게 각색된 이야기 중 하나였습니다.

계급 신화의 껍질이 깨지기까지 오랜 시간이 걸렸습니다. 학자들은 신분제가 존재하지 않았던 농업 혁명 이전이 이후보다 더 나은 사회였다고 주장하기도 해요.* 그만큼 신분 질서가 오랫동안 인간에게 굴레를 씌웠다고 생각하는 거예요. 계급 신화를 깨고 나와야 우리는 인간으로서 존엄성을 지킬 수 있습니다. 이를 가장 먼저 해낸 곳은 봉건 질서에 맞서 혁명을 일으킨 프랑스, 영국, 미국 같은 서양의 나라들이었습니다. 안타깝게도 우리나라는 스스로 껍질을 깨기도 전에 식민지를 먼저 경험하는 불행을 겪었습니다.

오늘날 누구도 왕정 시대로 돌아가자고 말하지 않습니다. 민주주의는 상식이 되었고 신분제는 상상도 못할 일이 되었어요. 입헌 군주제를 유지하는 유럽 일부 국가에서는 세금을 낭비하면서까지 왕실을 유지해야 하느냐 하는 말이 나오고 있을 정도죠.

닭은 신화에서 내려와 현대에서는 대표적인 서민 음식이 되었습니다. 닭은 돼지나 소에 견줘 키우는 비용이 매우 저렴하기 때문입니다. 2차 세계 대전 이후 전 세계에 공장식 축산이 도입되면서 인류의 핵심적인 단백질 공급원이 되지요.

1960년대 이후 세계 경제에 편입되어 급속도로 산업화를 겪은 우

---

* 이스라엘의 역사학자 유발 하라리는 그의 책 『사피엔스』에서 "농업 혁명을 거대한 사기극"이라고 규정합니다. 농업 혁명 후 사람들이 더 오랜 시간 노동에 종사하지만 손에 쥐는 소득은 원시 시대보다 적다는 것이 그 이유입니다. 하지만 그는 현대 사회가 원시 시대보다 좋을 때도 있다며 두 가지 단서를 달았습니다. 그것은 좋은 음식을 먹고, 해외여행을 다닐 때라고 말했습니다.

리나라도 예외가 아니었습니다. 미국산 콩과 옥수수의 공급으로 식용유가 흔해지면서 튀김 닭(치킨)이 보편화됩니다. 이제 치킨은 삼겹살과 더불어 외식 요리의 대명사가 됩니다. "치킨은 언제나 옳다"라는 말이 유행하고 닭을 심지어 '치느님'(치킨+하느님)으로 추켜세웁니다. 까마득히 오랜 옛날 신성시되었던 닭이 수천 년이 흘러 인간 세상에 내려와서도, 전혀 다른 방식으로 그 권위를 인정받고 있는 셈입니다.

권은중의 청소년 한국사 특강

④

나물

우리 밥상에 평화를 주다

"봄 부추는 자식에게도 안 주고, 가을 아욱은 문 닫아걸고 먹는다."

-한국 속담

한국의 밥상은 건강합니다. 그 이유는 채소 차림이 많아서입니다. 한식은 올리브오일 중심의 지중해 밥상과 생선 중심의 일본 밥상과 함께 세계적인 건강 밥상으로 꼽힙니다. 세계인이 비빔밥과 김치 같은 한식에 관심을 갖는 이유입니다.

전통적으로 우리나라 상차림에 채소가 많은 것은 주변에서 구하기 쉽기도 하지만, 사실 밥상에 고기를 올리기 어려운 종교나 경제 상황의 영향이 있었습니다.

물론 우리 조상들은 고기도 먹었습니다. 우리나라 고기 요리는 세계가 인정하는 맛입니다. 많은 사람이 우리나라의 대표적인 음식으로 불고기를 꼽습니다. 오바마 전 미국 대통령도 불고기 맛을 인정했을 정도예요(오바마 전 대통령 부인인 미셸 여사도 김치에 관심이 많았습니다. 그녀는 김치를 비만을 막는 건강한 샐러드로 여겼다고 합니다). 갈비찜이나 삼겹살 같은 고기 요리도 유명합니다.

우리나라 여성들의 지혜 - 나물 요리

불고기는 한국적 요리입니다. 고기를 간장에 절이고 반조리 상태로 불판에 직접 구워 먹는 식이에요. 중국 고대 기록에 우리 민족이 구워 먹는 고기를 별도로 '맥적'이라 구분합니다. 그만큼 오래된 한국 전통 음식이에요.

아시다시피 불고기의 주재료는 소고기입니다. 그런데 소는 매우 귀한 가축이었어요. 지금도 한우는 고급 요리에 속해요. 가격도 꽤 비쌉니다. 예전에는 훨씬 더 먹기가 어려웠어요. 농사일에 쓰여야 할 소를 식용으로 삼는 것을 나라 차원에서 금지했던 것도 원인입니다.

이러한 정책은 조선 시대까지 이어졌습니다. 이래저래 소고기는 서민들이 먹기 힘든 음식이었습니다.

반면 채소는 어떤가요? 우리나라 땅 어디에서나 쉽게 구할 수 있습니다. 그래서 우리 조상들의 주된 음식 재료로 널리 사용되었어요. 심지어 겨울에도 말린 나물을 먹을 정도입니다. 우리는 계절별로 참 다양한 나물을 먹습니다. 봄에는 냉이·쑥·달래·부추, 여름에 취·열무·호박·가지, 가을에 아욱·근대, 겨울에는 말린 가지·호박·시래기(무 잎을 말린 것)를 먹어요.

조리 방법도 다양합니다. 데치거나 볶거나 날로 먹습니다. 된장·간장·고추장은 물론이고 참기름·들기름 등 다양한 소스에 버무려 먹습니다. 여기에 두부·견과류·콩가루 등 단백질을, 참기름 등 식물성 지방은 물론 해초·말린 오징어나 조갯살 등 해산물을 곁들여 영양 균형도 맞춥니다. 채소를 이토록 다양한 방식으로 먹는 민족은 드뭅니다. 제 생각에 맛이나 가짓수나 우리 채소 요리는 세계 최고입니다.

저는 시골 할머니들이 순식간에 광주리 그득 나물을 캐 와 풍성한 식탁을 차리는 데 곧잘 놀랍니다. 도시 사람이 볼 때는 그저 그런 풀인데 어떻게 식용 풀을 알아보고 요리하는지 경이로울 따름이에요. 가축이나 물고기를 잡아 손질하여 먹는 것도 근사하지만, 큰 힘 안 들이고 푸성귀를 따서 푸짐하게 차리는 밥상은 마치 마법처럼 느껴집니다. 전통적으로 쌀과 보리 같은 곡식 재배와 물고기 잡이, 소금

채취가 남자들 몫이었다면 반찬 요리는 상당 부분 여성이 주도했습니다. 나물 요리는 우리나라 여성들의 지혜를 보여 줍니다.

나물요리가 발달한 까닭은?

우리나라는 국토의 70%가 산입니다. 마을마다 작든 크든 산을 끼고 있어 나물이 흔합니다. 쌀이 넉넉하지 않았던 예전에는 나물을 많이 먹었어요. 흉년에는 곡식 가루와 나물을 섞어 소금이나 간장으로 간을 해 죽을 쑤었어요. 조선 후기 감자·고구마 같은 구황 작물이 들어오기 전까지 나물은 우리 조상들의 삶을 지켜 준 음식이었습니다.

나물 요리가 발달한 데는 불교의 영향도 큽니다. 살생을 금하는 불교는 1600년이 넘게 우리의 문화를 지배했습니다. 불교에서는 업을 쌓는 최악의 행동으로 살생을 꼽았습니다. 그래서 짐승을 죽여서 만드는 요리를 금했어요.

오늘날 분자 과학은 생명체의 최소 단위를 이루는 탄소 원자가 끊임없이 재생된다는 사실을 확인했습니다. 그런 의미에서 환생이 터무니없는 말은 아니에요. 여러분의 몸을 이루는 탄소는 한때 세종대왕이나 이순신 장군의 몸을 이루던 '멋진' 탄소 원자였을 수도 있습니다. 그렇지만 이 재활용되는 탄소 원자가 별도의 자의식을 가지고 있다는 것은 아직 증명되지 않았고 앞으로도 증명되기 어려워 보입니다. 탄소를 생명체들이 재활용한다고 해도 이를 종교에서 말하는 환생이라고 말하기는 어렵다는 뜻입니다.

과학적 증명과 무관하게 불교는 살생과 육식을 금했습니다. 남의 생명을 빼앗아 자기 생명을 연명하는 것을 업으로 보았어요. 이러한 불교의 가르침은 자연스레 나물 요리로 눈을 돌리게 했을 거예요. 우리 음식 문화에 큰 영향을 끼친 불교에 대해 좀 더 알아보겠습니다.

불교를 창시한 석가모니는 기원전 6세기 인도에서 태어납니다. 인도 한 왕국의 왕자였던 석가모니는 깨달음을 얻고자 왕궁을 떠나 세상 밖으로 나갑니다. 그는 삶과 죽음의 수수께끼를 풀고자 했어요. 오늘날 기준으로 보면, 금수저 중 금수저가 오로지 참된 깨달음을 위해 모든 것을 버린 거예요. 그리고 마침내 고행길에 나선 석가모니는 굶주리고 고통받는 인간 세상을 함께하며 그 안에서 참된 진리를 깨닫습니다.

불교에서 깨달음은 서양의 기독교적 구원과 다소 차이가 있습니다. 석가모니가 인간적인 고행을 통해 진리에 도달했다면 예수님은 신을 대신해 인간을 위해 죽음으로써 진리를 전한 것이에요. 부처님이 좀 더 현실적인 존재인 반면, 예수님은 하느님의 아들이자 하느님의 권능 그 자체인 강력한 신이라는 것을 느낄 수 있습니다. 이슬람에서는 예수와 같은 신의 아들은 없고, 알라라는 유일신이 있습니다.

석가모니 ⓒ국립중앙박물관

아랍어로 알라는 신을 뜻합니다.

인도에서 발생한 불교는 중국을 거쳐 우리나라에 들어옵니다. 중국과 국경을 맞댄 고구려가 가장 빨랐어요. 고구려 소수림왕 때였는데, 이 시기에 불교가 들어온 데에는 정치적인 배경도 있습니다. 우선 왕권 강화의 논리가 필요했기 때문이었습니다. 왕이 하늘의 자손, 즉 새의 자손이라는 신화적 논리만으로는 백성을 다스리는 데 한계가 있었어요. 게다가 국토가 커지고 왕족도 늘어납니다 지역 호족을 병합하면서 새로운 귀족층이 생겨요. 이들 역시 자신들이 하늘의 후손이라고 주장하던 사람들이었습니다.

　이런 상황에서 백성과 귀족층이 자신의 말에 따르게 하려면 새로운 사상이 필요했어요. 불교가 그 역할을 했습니다. 통치자는 왕이 곧 살아 있는 부처라는 사상을 퍼뜨립니다. 인과응보나 남의 잘못을 따지기 전에 나의 허물을 보라는 식의 불교적 가르침도 사회 안정에 큰 도움이 되었을 거예요. 이런 이유로 삼국 시대 우리나라 왕실은 불교의 도입과 전파에 적극적이었습니다.

　일반 서민들도 불교를 받아들입니다. 곰이나 나무 혹은 산신령을 믿던 민간에서 어떻게 불교가 퍼질 수 있었을까요? 그 원인은 불교의 포용성에서 찾을 수 있습니다. 불교는 다른 종교에 배타적이지 않습니다. 상대의 생각을 인정하고 포용해요. 누구나 깨달음을 얻으면 부처가 될 수 있다고 가르칩니다.

　이런 이유로 불교는 우리나라 민간 신앙인 샤머니즘(정령, 신령 등을 신성시하는 종교)이나 토테미즘(동물이나 식물을 신성시함)과 결합하는 양상을 보입니다. 산신령과 호랑이를 모시는 '산신각'이나 별의 정령을 모시는 '칠성각' 등이 부처님을 모신 절에 들어서요. 유일신을 믿으며 다른 우상 숭배를 엄격하게 금지하는 종교와 구별되는 지점입니다.

물론 불교 도입 당시 저항이 없었던 것은 아닙니다. 지배층에서 특히 그런 현상이 있었어요. 527년 신라에서 있었던 이차돈의 순교가 그렇습니다. 신라 귀족층은 자신들의 조상신보다 높은 신을 모실 수 없다며 불교를 배척합니다. 당시 신라는 여러 부족이 연합한 형태였고 고구려나 백제에 견줘 왕권 중심의 고대 국가 성립이 늦습니다. 그러다 이차돈의 순교를 계기로 불교를 국교로 삼고 왕권 확립에 박차를 가하게 되죠. 그 주인공이 바로 불법을 흥하게 만들었다는 뜻의 이름을 가진 '법흥왕'이었습니다.

법흥왕은 귀족들의 강한 반발을 의식해 불교 도입을 강하게 주장한 이차돈을 처형합니다. 『삼국유사』는 이 장면을 "목에서 젖 같은 흰 피가 흐르고 하늘에서 꽃비가 내렸다"고 묘사합니다. 심지어 그의 머리가 경주 북쪽 금강산으로 날아갔다고 적고 있어요. 당연히 이는 과학적 사실과는 거리가 멉니다. 그러나 역사학자들은 이러한 묘사가 순교의 의미를 상징적으로 표현한 것으로 해석합니다. 곰의 아들인 단군이 약 1908년을 살았다고 기록한 것과 비슷한 이치입니다.

'이차돈'은 이두식 표기입니다. 원래 이름은 박염이에요. 신라의 창시자 혁거세와 같은 성씨인 것으로 볼 때 왕족으로 추정됩니다. 그렇다면 왕권 강화를 위해 왕족인 자신이 스스로 희생한 것으로 볼 수 있어요. 그의 목이 경주 북쪽 금강산으로 날아갔다는 기록은 신라 귀족의 역사가 경주 인근 금강산에서 시작되었는데 불교가 이 귀족들

이차돈 순교비
ⓒ국립경주박물관

에 의해 받아들여진 것을 상징한다고 보아야 할 것입니다.

　이후 법흥왕은 경주 금강산에 절을 세워 불교 보급에 박차를 가합니다. 뒤늦게 불교를 도입한 신라는 이후 한반도 삼국을 통일합니다. 뒤이어 등장한 고려 역시 불교 진흥책을 쓰면서 불교는 우리 민족의 의식을 지배하는 핵심 종교로 자리매김합니다. 조선이 건국하면서 탄압받기도 했지만 불교적인 믿음은 오늘날까지 이어지고 있지요.

유교가 국교였던 조선 시대에도 왕은 물론 왕족 상당수가 불교를 믿었습니다.

식물에 대한 민족의 지혜가 담긴 밥상

특히 조선을 건국한 태조 이성계나 세종대왕의 아들 세조의 불교 사랑이 유명합니다. 세종대왕 역시 한글을 창제하자마자 석가모니의 일생을 적은 『석보상절』을 펴내기도 했습니다. 1446년 왕후가 사망하자 이를 기리기 위한 작업이었습니다. 이런 역사적 사실은 조선 왕실에서 불교가 가지는 영향력을 짐작하게 해줍니다.

처음에는 왕권 강화를 위해 도입된 불교는 민간에까지 확대되면서 우리나라 고유의 특색을 띠며 발전합니다. 깨달음을 강조하는 다른 나라의 선불교와 달리 우리나라 불교는 나라를 지키는 호국 불교의 전통을 보입니다. 전란이 일어나면 "깨달음을 위해 세상사를 잊으라"는 가르침을 뒤로 하고 승려들이 직접 전쟁에 뛰어들어요. 임진왜란 때 서산대사와 사명대사가 의병을 일으킨 일은 유명합니다.

신라 때 원광법사는 화랑도의 행동 원칙인 '세속오계'를 만들었고 고려 시대 승려들은 국사로 왕을 보좌했습니다. 또한 과거에 승려를 뽑는 승과가 있었고 왕자들이 직접 승려가 되기도 했습니다. 이런 전통은 조선으로 이어집니다. 무학대사는 이성계를 도와 한양 천도를 계획하며 건국에 이바지합니다. 불교가 전쟁에 참여하고 왕의 통치를 보조하는 일을 했던 것입니다.

불교는 1600년 넘게 우리 민족과 호흡하면서 우리 삶에 녹아들었습니다. 일례로 우리나라 문화재의 70%가 불교와 관련이 있고 명산마다 절이 자리 잡고 있습니다. 불교가 우리 정신세계에 끼친 영향은 막대합니다. 우리의 삶과 죽음, 사후 세계까지 불교적 세계관이 지배했습니다. 백성들은 자비를 베풀고 덕행을 쌓아 사후에 좋은 곳으로 가고자 했습니다. 옥황상제, 염라대왕, 저승사자 같은 도교적 전통도 불교와 자연스럽게 융합합니다. 샤머니즘과 도교적 전통까지 끌어안은 불교는 이후 우리 조상들의 생각에 가장 중요한 영향을 미치는 생각의 바탕이 됩니다. 2017년에 개봉해 인기를 끈 영화 〈신과 함께〉는 우리의 이런 세계관을 잘 보여 줍니다.

그래서 불교는 서민과 가까웠고 깨달음을 얻기 위한 수행 교리라기보다는 서민들이 현세에 복을 비는 기복 신앙으로 자리매김합니다. 백성들은 부처님과 온갖 신들께 정성스레 기도를 올리며 가족과 자식들의 안녕을 빌었습니다. 민속 신앙과 결합한 불교는 민족적 상상력의 밑바탕이 됩니다. 불교가 우리 무의식과 닿아 있는 종교로 불리는 이유입니다.

불교가 아우른 우리 민족의 풍성한 이야기들은 고대 국가에 한자가 도입되면서 본격적으로 기록되기 시작합니다. 우리가 들었던 옛날이야기와 속담 등은 모두 이때부터 기록된 것입니다. 이렇게 우리 마음에 들어온 불교적 세계관은 중요한 순간에 우리 행동과 판단의 기준이 됩니다. 마치 서양 문명의 밑바탕을 이루는 그리스 신화와 기독교처럼 말이에요.

불교문화는 먹거리로 이어졌습니다. 우리나라 밥상은 세계에서 가장 특이한 먹거리로 이루어져 있습니다. 우리 밥상은 밥과 반찬으로 구성됩니다. 한식집에 가면 한 상 가득 반찬이 차려져요. 중국이나 서양과 달리 조금씩 나오는 '코스 요리'가 아닙니다. 이렇게 풍성한 밥상이 가능한 것은 나물 요리 덕분입니다. 나물은 밥과 함께 먹어야 제맛입니다.

중국 요리는 그렇지 않죠. 따로따로 먹습니다. 채소-생선-닭고기로 이어지다가 마지막에 밥이나 면이 나옵니다. 이런 중국 요리의 전통은 송나라 때 완성된 것으로 전해집니다. 중세 시기, 중국의 요리법을 받아들여 서양 요리도 식사가 시간을 두고 진행됩니다. 우리와 많이 다르지요. 우리 밥상은 반찬과 밥이 한 번에 올라옵니다. 이는 왕의 밥상이나 백성의 밥상이나 다르지 않아요.

저는 개인적으로 말린 나물을 좋아합니다. 영양분이 풍부한 나물을 먹다 보면 아주 오랜 옛날 살생을 금하기 위해 산에서 풀을 캐고 건강을 빌며 음식을 만들었을 조상들의 삶이 떠오릅니다. 만화경처럼 펼쳐지는 우리 밥상에는 민간 신앙과 하나 된 불교적 세계관, 그리고 식물에 대한 우리 민족의 지혜가 담겨 있습니다.

김치

어머니의 지혜가 빚은 마법의 맛

"'김장'은 한국인의 자연 환경에 대한 이해를 통합한 음식 문화로,

지역 생태계를 잘 반영하고 있다.

한국인은 오랜 시간에 걸쳐 특수한 자연 환경에 가장 적합한 방법을 개발했다."

-유네스코 세계 문화유산 누리집에서

우리나라 겨울은 혹독합니다. 이 글을 쓰는 지금 밖의 온도는 영하 15도입니다. 바람까지 불어 체감 온도는 영하 22도라는데, 정말 춥습니다.

그런데 궁금해요. 이렇게 추운데 우리가 먹는 식물이 자랄 수 있을까요? 겨울바람을 견디는 보리 같은 곡식을 제외하고는 키우기 힘

들 거예요. 하물며 푸른 잎 채소는 말할 것도 없습니다. 비교적 추위를 잘 견디는 배추와 무도 서리 내리기 전에 서둘러 수확해요. 다행히 우리나라는 사계절이 있어서 겨울을 제외하고는 채소를 키우기에 좋습니다. 우리 밥상에도 많은 채소가 올라오지요.

채소는 인간의 건강에 중요한 역할을 한다고 합니다. 그런데 탄수화물, 단백질, 지방 함량이 곡식보다 낮은 채소가 왜 중요하다고 할까요?

채소의 효능은 근대에 들어서 알려졌습니다. 그전에는 고기를 먹을 수 없을 때 먹는, 혹은 가난한 사람들이 찾는 음식이었어요. 동서양 부자들의 식탁에는 고기가, 가난한 자의 식탁에는 채소가 올랐습니다(그 결과 귀족들은 당뇨, 고혈압, 통풍에 시달렸지만 서민은 이런 병에 잘 걸리지 않았습니다. 식탁의 역설인 셈입니다).

그러다가 17세기 대항해 시대에 새로운 사실이 알려집니다. 채소를 먹지 못한 선원들이 잇몸에 염증이 생기다 피를 쏟아내는 괴혈병에 걸리는 거예요. 이에 항해에 나선 유럽인들은 저장성이 좋고 비타민 C가 풍부한 사과와 감자를 먹으면 괴혈병을 예방할 수 있다는 사실을 알게 됩니다. 과일과 채소가 인간의 대사 활동에 꼭 필요하다는 것을 경험적으로 깨닫게 된 것이죠.

의학과 과학이 발달하면서 채소가 육류나 곡식으로는 섭취하기 어려운 비타민과 무기질의 주요 공급원이라는 것을 증명합니다. 채소에 들어 있는 비타민 B군과 지방산인 오메가-3 등은 뇌의 활동을 돕습니다. 또한 채소와 과일에 포함된 항산화 물질은 면역력에 큰 영향을 미쳐요. 채소에 풍부한 식이 섬유는 우리 장이 음식을 소화해서 배출하는 과정에서 윤활제 역할을 합니다.

최근에는 식이 섬유가 장내 미생물을 활성화하는 데 중요한 역할을 한다는 사실이 증명됐습니다. 장내 미생물에 따라 소화력은 물론 면역력도 차이가 납니다. 심지어 장내 미생물은 뇌와 연결되어 우리 사고와 행동에도 영향을 미친다고 합니다. 패스트푸드를 먹인 실험 동물과 섬유질이 풍부한 음식을 먹인 동물의 행동 방식을 분석하다 얻은 결과입니다. 아직 연구가 진행 중이지만 인간 행동을 바꾸려면 음식을 바꾸어야 한다는 주장이 나오고 있어요. 이런 연구 결과가 차곡차곡 쌓이면서 채소는 고기만큼이나 중요한 음식으로 떠올랐습니다.

김치는 왜 우리 식탁의 대표가 되었나?

우리나라를 대표하는 채소 음식은 누가 뭐라고 해도 '김치'입니다. 시원하고 칼칼한 맛이 일품인 김치, 유산균이 풍부한 김치는 참 매력적인 음식입니다. 건강에도 좋아서 각종 단체나 매체에서 올리브유·

요구르트 등과 함께 세계적인 건강식품으로 선정해요. 쿠로나19가 유행하자 김치 수출이 늘어난 이유입니다.

김치는 어떻게 해서 이렇게 멋진 음식이 된 걸까요? 바로 다양한 채소와 소금 때문입니다. 우리나라는 변화무쌍한 기후와 다양한 토양 덕에 맛깔난 채소가 많이 납니다. 산에서 나는 풀인 나물조차 감미로워요. 하지만 날것으로 먹기에는 무리가 있어요. 채소는 세균과 벌레 같은 천적으로부터 자신을 보호하기 위해 독특한 향과 맛을 냅니다. 마늘과 쑥처럼 말입니다. 때로 지나친 것들이 있어서 약간의 조리가 필요합니다. 그래서 우리 민족은 예로부터 채소를 삶거나 데쳐서 간장이나 된장에 무쳐 먹었습니다. 채소를 다루는 방법이 늘면서 조상들은 채소를 좀 더 맛있게 먹는 법을 고안해 냅니다. 바로 김치였습니다.

김치 양념의 핵심은 소금입니다. 여기에는 과학적 원리가 작용합니다. 채소에 소금을 치면 채소 세포막 안팎으로 농도 차이가 생기고 이를 맞추려는 삼투압 현상이 발생합니다. 채소의 수분이 빠져나가 국물을 이루어요. 이 국물은 소금 덕분에 나쁜 균의 번식은 억제되고 소금에 강한 유산균만 살아남으면서 발효가 이루어집니다. 김치의 어원이 채소를 적셔 먹는다는 뜻의 한자어 '침채沈菜'에서 나왔을 것으로 추정되는 이유입니다.

김치에는 요구르트보다 더 많은 유산균이 있습니다. 피클 같은 채소 절임은 채소를 데치거나 담금액을 끓입니다. 그래서 피클이나 중국의 파오차이는 신맛이 강해요. 하지만 김치는 소금에 절이기 때문에 시원하고 풍부한 맛이 납니다. 중국이 김치를 자국 음식인 '파오차이'의 한 종류라고 억지를 쓰는데, 두 음식은 만드는 원리부터 다릅니다. 그렇다면 김치의 역사는 언제부터 시작되었을까요?

김치는 배추가 아니라 무의 역사다

고려 시대 문인 이규보의 글을 보면 "겨울이 오니 무를 소금에 절여야겠다"라는 구절이 있습니다. 당시 배추김치보다는 무김치가 더 보편적이었음을 추측하게 합니다. 조선 후기 실학자인 서유구가 쓴 백과사전 『임원경제지』에는 당시 먹던 김치의 종류가 상당수 기록돼 있습니다.* 하지만 이 책에는 배추김치가 없습니다. 대부분 무를 비롯해 여러 채소를 소금에 절인 것이었습니다. 왜 그랬을까요? 배추가 그만큼 귀했기 때문입니다. 고대 중국에서 배추는 약으로 먹었다는 기록으로 볼 때 배추가 한국뿐 아니라 중국에서도 제법 귀한 채

---

* 남녀유별을 강조하던 조선에서 남자가 음식 책을 쓴 것은 서유구가 실사구시를 중시하는 실학자였기도 하지만, 조선 남자들이 제사를 위해 요리를 하는 풍습이 있었기 때문이라고 합니다. 하지만 조선 후기 이후 남녀 차별이 심해지면서 남성들이 제례나 상업적인 목적을 제외하고는 직접 음식을 만드는 경우가 극히 드물어졌습니다.

배추와 무를 씻는 모습을 담은 사진 엽서(일제 강점기). ⓒ국립민속박물관

소였다는 것을 알 수 있습니다.

　오늘날 우리가 김치를 담글 때 쓰는 배추는 잎이 촘촘하고 흰 품종
으로 중국에서 건너왔습니다. 그래서 오랑캐를 뜻하는 호^胡자를 붙
여 '호배추'로 불리기도 했어요. 조선 후기에 들어와 주로 양반과 부
자들이 먹었던 것으로 추정됩니다. 구한말에 들어왔다는 학자도 있
습니다만, 어쨌든 오늘날 우리가 즐겨 먹는 배추가 한반도에 들어온

지 오래되지 않은 것만은 분명합니다.

중국 배추가 김치의 주류가 된 데에는 여러 장점 때문입니다. 우선 다른 품종에 비해 속이 단단합니다. 겉잎이 속잎을 감싸고 있어 추위에도 강해요. '결구結球 배추'라고도 하는 이런 배추를 살펴보면 그 잎이 무려 80여 장에 이릅니다. 추위를 잘 견디니 수확 시기를 최대한 늦출 수 있습니다. 거기에 맛이 달고 시원하다 보니 우리나라 밥상을 빠르게 장악할 수 있었던 거예요. 따라서 이전까지는 배추 대신 무가 김치의 주류를 이루었다고 보아야 합니다.

눈여겨봐야 할 대목은 우리나라와 달리 서양에서는 무를 잘 먹지 않았다는 점입니다. 그들에게 무는 가난의 상징이었어요. 주로 가축들을 먹이는 채소였습니다. 이와 달리 동양, 특히 우리나라와 일본은 거의 모든 요리에 무가 들어갈 정도로 많이 쓰여요. 심지어 고기나 생선을 삶을 때도 무를 넣습니다.

우리 조상들이 무를 즐긴 이유는 사계절 내내 쉽게 구할 수 있었기 때문입니다. 무는 뿌리뿐 아니라 이파리도 먹을 수 있습니다. 무 잎을 말린 시래기는 추운 겨울에도 먹을 수 있어요. 맛도 좋습니다. 살짝 맵고 단 맛이 나지만 고추나 과일처럼 강하지는 않아요. 날로 먹어도, 소금에 절여도, 삶아 먹어도, 심지어 말려 먹어도 맛이 좋습니다. 일본도 우리만큼 무를 즐깁니다. 무는 일본인이 즐기는 생선 비린내를 잡아 주는 데도 탁월합니다.

일본은 오랫동안 육식을 할 수 없었습니다. 나라가 법으로 금지했기 때문이에요. 675년 가축의 살생을 금하는 법이 제정된 후 메이지 유신이 있은 19세기까지 무려 1200년이나 이 전통은 유지됩니다. 대신 물고기를 택한 그들의 밥상에 무는 최선이었을 거예요.

다시 김치 이야기로 돌아올까요? 우리나라 채소 가운데 가장 흔하고 요긴했던 무와 소금의 조합으로 탄생한 것이 바로 김치였습니다. 무지막지한 추위가 오기 전에 저장에 용이한 채소 음식을 미리 준비해야 했던 조상들의 지혜가 만들어 낸 음식이에요.

우리 조상들이 소금에 채소를 절여 먹은 것은 아마도 소금 교역이 활발했던 시절부터일 거예요. 고조선과 옥저가 소금 무역을 했다는 기록으로 볼 때 이 시기에도 소금에 절인 채소를 먹었을 것으로 추정할 수 있습니다. 신석기 시대부터 소금과 물고기 등에 대한 교역이 있었을 거로 주장하는 학자들도 있습니다. 일반적으로 김치가 우리 음식으로 정착한 것은 쌀을 주식으로 먹게 된 삼국 시대로 봅니다.

소금과 식량 교역은 상당 부분은 남성의 몫이었을 거예요. 교통수단이 발달하지 않은 상태에서 무거운 짐을 먼 거리까지 이동시키려면 힘이 필요했을 테니까요. 식량 생산도 마찬가지입니다. 농업이 주력이던 시대 남성은 여성보다 생산력이 높았습니다. 이는 힘의 차이도 있지만 여성의 육아와 가사에 대한 부담 탓이기도 했을 거예요. 고대 국가에서부터 중세 시대까지 대부분은 한 지역에서 머물며 살았습니다. 노동력을 지배층에 헌납해야 했어요. 농사는 물론이고 전쟁과 대규모 토목 공사에 동원됐습니다. 외침이 잦았던 옛날에는 성인 남성이 집에 있을 때보다 없을 때가 더 많았을 수도 있습니다.

이런 상황에서 먹거리 준비는 여성의 몫이었을 가능성이 큽니다. 생산량의 상당 부분을 지배층에 바쳐야 했으므로 먹을 게 부족했을 겁니다. 부족한 식량으로 겨울을 나는 일은 그야말로 쉬운 일이 아니었습니다. 솜이 없었던 고려 시대 이전에는 방한복도 변변치 않아서 겨울나기가 무척 힘들었을 것입니다. 상황이 이렇다 보니 겨울철 먹거리는 곧 생존과 직결되었으리라 짐작됩니다.

우리 조상들은 최소한의 식량으로 최대한의 생존 조건을 만들어야 했습니다. 도대체 어떻게 그럴 수 있었을까요? 저는 전통적인 노동력 나누기인 두레나 품앗이에서 그 기적의 열쇠를 찾습니다. 이는 공동체의 집단 지성이었습니다. 생산력이 미약할 때 서로 돕지 않으면 생존 자체가 불가능해요. 이런 상황에서 노동력을 나누는 한편, 마을의 가장 노련한 살림꾼이 내준 정보로 각자의 살림을 챙겼을 거예요.

김치는 이런 협업 능력이 십분 발휘된 음식입니다. 지금도 섬이나 산촌 등 자연환경이 거친 곳에서는 주민들이 함께 김장을 하고 장을 담급니다. 평소에도 함께 어울려 식사를 합니다. 나이 든 어르신들이 직접 풍성한 밥상을 차리는 장면을 볼 수 있어요. 제철 나물과 해산물에 직접 담근 된장·간장·고추장 양념으로 만든 음식에서 수천 녀 동안 한반도에서 살아온 우리 민족의 강한 생명력을 느낍니다.

유네스코^{UNESCO}가 김장을 세계 문화유산으로 등재한 것도 이런 공동체 문화 때문입니다. 유네스코에 등재된 김장 문화의 영문명이 김장 그 자체만이 아니라 '김장, 김치 담그기와 나누기^{Kimjang, making and sharing kimchi}'인 것도 이런 까닭입니다. 김치는 맛뿐 아니라 아름다운 나눔의 문화까지 가지고 있는 우리 고유의 음식이자 문화라는 것을 세계에서 인정받은 것입니다.

김치는 식이 섬유와 유산균이 풍부합니다. 그래서 한국인의 장에는 독특한 유산균인 바이셀라균이 살고 있습니다. 그런데 이 균의 학명은 바이셀라 코리엔시스^{Weissella Koreensis}입니다. 그만큼 한국인 고유의 음식인 김치와 연관성이 크다는 이야기예요.

아름다운 자연과 뚜렷한 사계절, 그 안에서 만들어진 김치를 우리나라 대표 음식으로 꼽는 데 주저하는 사람은 없습니다. 하지만 그 이유가 단지 유산균 때문은 아닙니다. 김치에는 자식들을 좀 더 배부르게 먹이려던 이 땅 어머니들의 땀과 눈물이 스며들어 있습니다.

문화만큼이나 화려했던 밥상

3부
고려 시대

차茶

황제의 나라 고려의 자존심

"좋은 차가 몸에 들어가니
귀와 눈에서 온몸으로 퍼져
막히고 답답한 것이 사라지누나."

-초의선사*

    고려는 세계에 '코리아'라는 이름으로 한국을 알린 나라였습니다. 그렇지만 아쉽게도 관련 문헌과 기록이 많이 남아 있지 않아요. 918년 건국돼 1392년까지 거의 500년이나 이어져 온 고려의 역사서인

---

* 조선 후기의 승려입니다. 다산 정약용과 추사 김정희와 교류했던 차의 명인이었습니다.

『고려실록』도 전해 오지 않습니다. 오늘날 고려사 연구는 조선 시대 때 편찬된 『고려사』와 『고려사절요』의 기록을 토대로 합니다. 연구가 부족하다 보니 우리는 그저 고려를 청자와 금속 활자의 나라 정도로만 알고 있어요.

하지만 고려 역사에도 빛과 그림자가 있습니다. 말기에는 부정부패가 심해 백성들 원성이 자자했어요. 일례로 조선을 개국하기 한 해전인 1391년 이성계가 금강산에서 새로운 왕조의 출범을 다짐했을 때, 전국 각지에서 무려 1만여 명이 모였다고 합니다. 500만 명쯤으로 추정되는 당시 인구를 감안했을 때, 변변한 이동 수단도 없는 상황에서 깊은 산인 금강산에 그만한 수가 모였다는 것은 당대 백성들의 새 나라에 대한 기대를 보여 주는 대목이라고 하겠습니다.

한편 고려는 스스로 '황제국'으로 칭한 한반도 최초의 국가였습니다. 중국이 5대 10국(907~979년)으로 분열되어 있던 시기이기도 했지만 그만큼 자신감과 실력이 있었다는 이야기예요. 그 자신감은 대체 어디에서 온 걸까요?

고려, 한반도 최초의 황제국

926년 발해가 멸망하면서 고조선 패망 이후 1000년 이상 지속되었던 한반도의 내전이 끝났습니다. 고려는 삼국 시대 이후 한반도에 등장한 실질적인 통일 국가였습니다(통일 신라 시기는 북쪽에 발해가 있었기에 사실상 '남북국 시대'였습니다).

신라가 당나라를 끌어들여 한반도 일부를 통일했고 그 대가로 당나라에 조공을 바치며 속국임을 자인한 반면, 고려는 스스로 황제 국가로 칭할 정도로 자주 의식이 뚜렷했다는 점을 높게 평가해야 한다는 지적도 있습니다.

고려가 한반도를 통일했던 10~12세기까지 중국 북방 지역은 풍운의 시기였습니다. 베이징을 포함해 중국의 정치적 중심지인 황허강 유역 지배자가 한족에서 오랑캐로 불린 거란족(요나라)과 여진족(금나라)으로 차례대로 바뀌었기 때문입니다.

고려의 자주 의식은 이런 시대적 흐름과 무관하지 않습니다. 고조선과 고구려가 각각 중국이 분열되어 있던 시기인 전국 시대와 남북조 시대에 국력을 키운 것과 비슷한 맥락입니다. 고려는 동북아의 교역에도 적극적이었습니다. 매년 11월 팔관회 행사를 열었는데 이때 멀리 여진·거란·일본의 상인들이 와서 황제에게 특산물을 바칠 정도였습니다. 중국 송나라 상인도 참여한 것으로 보아 이는 조공이라기보다 무역 행위에 가까웠습니다. 그만큼 고려가 시대적 흐름을 잘 읽고 동아시아 국제 질서에서 균형을 잘 잡았다는 뜻입니다.

고려를 세운 왕건은 평민 출신을 자처할 정도로 신라 주류와는 무

1992년 10월 개성에서 발견된
태조 왕건 동상.

관했던 사람입니다. 그는 신라 시대 변방 도시인 개경(개성)의 호족 출신입니다. 그의 선조는 개경에서 무역업을 하며 부를 쌓았습니다. 신라는 상업을 천시하던 사회였습니다. 신라 지배 세력이 국제적인 거상이자 부호였던 장보고를 천시하고 자객을 보내 살해한 일을 생각한다면, 상인 가문 출신인 왕건을 어떻게 대했는지 짐작할 만합니다.

신라는 골품제라는 엄격한 신분제를 유지하고 있었습니다. 이는 신라의 사회 발전을 가로막으며 멸망을 재촉하는 원인이 됩니다. 골품제에 불만을 품은 지방 호족들이 봉기했기 때문입니다.

골품제에서 소외된 호족 세력의 불만을 누구보다도 잘 알고 있던 왕건은 건국 후 지역 호족과 혼인을 통해 동맹을 맺습니다. 왕건은 우리나라 역사상 가장 많은 부인을 둔 왕이었습니다.

왕건은 국가 발전의 핵심을 중앙(개경)과 지방(특히 경주 지역)의 결합으로 삼습니다. 또 최치원 등 6두품 세력이 지원한 유교와 지방 세력들이 믿던 불교를 포괄하는 한편, 민생 회복을 위해 상업을 장려하고 농지 세금도 대폭 줄입니다.

한계도 있었지만, 고려의 실용적 자세는 우리나라 문화 발전에 큰 영향을 끼칩니다. 신라 때보다 불교가 융성하면서 독특한 한국 선불교의 전통이 생겨나는가 하면 유교적 통치의 근간이 마련됩니다. 한반도가 문화 융성기를 맞은 것입니다.

산업적으로는 중국 송나라로부터 거름을 사용하는 시비법을 도입해, 농업 생산량이 크게 늘어납니다. 원나라에서는 농업 서적이 들어옵니다. 높아진 생산력은 농민들의 자립 의식을 키웠으며 국가 재정 확충에도 이바지합니다. 경기·경상·전라 등 지금 같은 행정 구역도 이 시기에 만들어집니다(이를 '5도 양계'라고 합니다).

고려는 어떻게 코리아로 세계에 알려졌을까

그중에서도 고려의 큰 공을 꼽으라면 실크로드 끝자리에 있는 한국을 전 세계에 알린 것입니다. 우리나라 영어명인 'Korea'는 고려에서 유래합니다. 상업적 국제 교류가 빈번해지면서 우리나라 상공인들은 경쟁력 있는 상품을 내놓습니다. 바로 도자기와 종이입니다. 원래는 중국에서 만들어졌지만 우리나라는 이를 더 발전시켜 거꾸로 중국에 수출합니다. 우리 문화와 기술이 그만큼 뛰어났다는 것이지요. 고려가 세계 최초의 금속 활자를 만든 것은 우연이 아닙니다.

무역과 불교의 나라였던 고려에서 가장 주목할 만한 음식은 차茶입니다. 차의 원산지는 중국입니다. 우리나라에는 신라 시대 때 들어와 왕족이나 승려들이 차를 즐겼어요. 그러나 그때까지만 해도 일부 계층의 전유물이었습니다. 그랬던 차가 '다반사'(茶飯事·밥과 차를 먹는 일처럼 늘 있는 일이라는 뜻)라는 말이 생길 정도로 광범위하게 퍼진 것은 고려 때부터입니다.

고려는 왕실 차원에서 차를 적극 권장했습니다. 차를 재배하는 기관을 설립하고 연등회·팔관회 등 국가적인 행사에도 차를 마시는 의식이 따로 있을 정도였습니다. 왕실의 지원 아래 차는 귀족·관료·승려 등 상류층은 물론 백성들 사이에서도 널리 퍼졌습니다. 이규보를 비롯해 고려의 많은 문인들이 차와 관련된 시를 남기기도 했어요.

당시 우리나라는 차 문화에 있어서 최첨단이었습니다. 종주국인 중국과의 문화 교류도 가장 적극적이었어요. 기록을 보면 우리나라에 차가 최초로 전해진 것은 신라 선덕여왕 때였습니다. 신라 흥덕

권은중의 청소년 한국사 특강

왕 때는 당나라 사신이 가져온 차 씨앗을 지리산에 파종해 차를 재배하기 시작했습니다. 유럽에 차가 전해지던 때가 포르투갈이 인도양 항로를 개발한 1500년대였으니까 이보다 무려 1000년가량 앞선 거예요.

유럽의 차 이야기를 잠깐 하자면, 유럽인의 '차 사랑'은 동양 못지않습니다. 여기에는 좋지 않은 수질 탓도 있습니다. 유럽의 식수는 석회질이나 미네랄 성분이 많았어요. 그냥 마시기가 어려웠죠. 그래서 그들은 맥주나 포도주로 음료수를 대신합니다. 그러다가 맛과 향이 뛰어난 차를 만나니 열광할 수밖에 없었겠죠. 게다가 차에 함유된 카페인 성분은 정신을 맑게 해주었습니다. 습하고 차가운 날씨와 수질이 좋지 않은 상황에서 차는 더없이 좋은 음료였던 것입니다. 찾는 사람이 많아지니 당연히 중요한 교역 품목이 됩니다. 차는 중국이 근대까지 세계 무역의 패권을 주도하게 해준 효자 상품입니다.

중국산 비단·자기 등은 유럽 귀족들의 취향을 자극했습니다. 인도가 후추와 면화 제품으로 유럽을 공략했듯이 말이에요. 그 결과 중국과 인도 두 나라의 경제력이 18세기까지 세계 경제의 절반을 차지할 정도였습니다. 현대 자본주의가 시작된 20세기 전까지 식량과 의복은 국제 무역에서 가장 중요한 상품이었습니다.

반면 유럽이 내세울 만한 상품은 별로 없었습니다. 양털로 만든 모직물이 그나마 유명했지만 비단과 면직물이 풍부한 중국과 인도 사람들은 별 관심이 없었습니다. 영국은 인도를 식민지로 만들고는 면직물 산업을 육성합니다. 인도인들이 직접 손으로 짜던 방식에 기계를 도입해요. 수력을 이용하다가 증기 기관을 발명하면서 오늘날의 산업 혁명을 일으키게 됩니다. 경제적 열세를 극복하려는 영국의 노력이 산업 혁명을 탄생시킨 거예요. 근대 이후 동서양의 경제력이 역전된 이유입니다.

고조선 시대부터 한반도의 지리적 이점을 살려 주변 국가와 무역을 시작했습니다. 신라 시대에는 인도·아랍·동남아시아와 빈번하게 교류했습니다. 고려는 이를 한층 더 발전시켰어요. 고려 무역이 얼마나 발달했는지를 보여 주는 예가 있습니다. 수도인 개경을 흐르는 예성강 포구 이름이 '돈 전錢'자를 쓴 '전포錢浦'였어요.

여기에는 전해 오는 이야기가 있습니다. 태조 왕건의 조상으로 알려진 당나라 숙종이 배를 타고 개경으로 들어오려고 했으나 썰물로 배가 육지에 닿지 못하자 싣고 온 동전을 뿌려서 그걸 딛고 뭍에 올랐다고 해요. 이 이야기에는 당시 상인 출신이었던 왕건을 당나라 황제의 후손으로 미화하려는 의도가 있습니다만, 당시 무역이 발전했으며 특히 예성강이 대중국 교역의 중심지였다는 사실을 알려 줍니다.

떡과 차, 고려 때 본격적으로 등장해

고려-중국 간 무역의 대표 품목은 차였습니다. 차의 종주국인 송나라와 계속 교류하면서 용봉차 등 발효차를 많이 수입합니다. 이 시기에는 차와 더불어 떡 등 의례 음식이 완성됩니다. 밥과 김치 등 우리 밥상의 기초가 삼국 시대에 완성되었다면 차와 떡 같은 잔치 음식은 고려 때 만들어져요.

고려 시대에는 농민들의 적극적인 개간과 간척으로 농사지을 땅이 늘어납니다. 덕분에 식탁이 곡물 중심으로 재편되었는데, 불교의 영향으로 채소 반찬이 중심이 돼요. 이때 절인 채소인 침채^{沈菜}, 즉 김치가 크게 발전합니다. 이 시기 우리 식탁은 2차로 업그레이드되었어요. 3차 업그레이드는 강력한 중앙 집권적인 국가가 들어선 조선 후기에 이루어집니다. 모내기 도입으로 쌀 생산량이 비약적으로 늘어나면서 배추김치와 젓갈이 등장했기 때문입니다. 해외에서 고춧가루와 감자, 고구마 같은 구황 작물이 들어오면서 한국인의 식탁이 오늘날과 같은 모습을 갖추게 됩니다.

고려는 조선과 달리 무역을 중시하고 화폐를 사용했습니다. 고려는 우리나라 최초의 주화인 건원중보를 만들었습니다. 또 화폐를 주조하는 정부 기관은 주전도감도 만들었습니다(하지만 이런 노력에도 불구하고 고려 시대에는 화폐가 넓게 쓰이지는 못했습니다. 거주 이전의 자유가

건원중보. 고려 시대의 화폐로 중앙에
사각형 구멍이 있다. ⓒ국립민속박물관

없는 꽉 막힌 신분 제도 탓에 상업이 전국적으로 발전하지 못했기 때문이었습니다). 무역 대국인 송나라와 가까웠던 고려는 세계 경제의 흐름 속에 나름의 위상을 차지했습니다. 고려는 우리나라 국가 가운데 산업적으로 가장 유연한 개방성을 내걸었던 셈입니다.

그러나 부국강병의 길을 새롭게 모색하던 고려의 혁신은 왕족들의 이전투구와 '무신의 난'으로 혼란에 빠집니다. 1170년 일어난 '무신의 난'은 '군부 쿠데타'를 떠올리면 이해가 쉽습니다. 요즘의 군부에 해당하는 무신들이 권력을 찬탈합니다. 지금도 이런 경우가 있어요. 쿠데타가 일어난 나라들은 국회나 사법부 같은 권력 기관들이 제 역할을 하지 못합니다. 소수 집단이 정치를 좌우하기 때문입니다. 이런 일은 대부분 정치 경제적으로 낙후된 나라에서 많이 일어납니다.

유럽 지중해를 지배하던 로마 제국이 멸망하게 된 것도 군인들이 번갈아 황제를 하던 시기부터였습니다. 이른바 '군인 황제' 시기에 50년 동안 26명(공동 통치자 포함)의 황제가 난립합니다. 이들 황제의 평균 재임 기간은 2년이었어요. 심지어 즉위 보름 만에 황제 자리에서 내려온 경우도 있었습니다. 3세기 후반 군인 황제 시대는 고대 로마 제국의 멸망을 촉진했습니다.

무신들이 권력을 차지하면서 고려는 정치적으로 후퇴를 거듭합니다. 예를 들어 조선의 왕은 유교의 가르침을 따라 신하들의 간언(諫言·왕에게 하는 충고)을 경청해야 했습니다. 또 조선은 모든 정치적 결정을 공개된 곳에서 토론으로 결정하고 이를 모두 실록으로 기록했습니다. 왕의 권력을 견제하고 또 역사에 남겨 함부로 통치 행위를 하지 못하도록 견제 장치를 마련했던 거예요. 그러나 고려의 무신 정권은 독단적인 정치를 펼칩니다. 마음에 안 들면 왕까지 갈아치울 정도였어요.

여기에 몽골의 침략으로 고려는 사실상 몽골의 속국이 되고 맙니다. 이런 대혼란기에 모범이 되어야 할 귀족들은 오히려 탐욕을 채우려고 토지를 넓혀 갑니다. 고려는 철저한 신분제 사회인 신라를 극복하려고 실용주의를 앞세웠지만 백성들은 또 한번 좌절을 맛보아야 했어요. 오죽하면 고려가 건국된 한참 뒤에도 신라와 백제를 다시 만들자는 부흥 운동이 일어났을까요?

한술 더 떠 백성을 위로해야 할 종교인 불교는 타락하여 수탈에 앞장섰습니다. 사찰에 토지와 자본이 몰리면서 높은 이자를 뜯어내는 대부업이 성행하고 귀족들과 함께 백성의 토지를 빼앗는 데 여념이 없었습니다. 이는 나중에 조선이 불교를 배척한 이유가 됩니다. 새로운 세상을 만들려는 고려 말의 혁명 세력이 볼 때 고려의 사찰은 몽골과 결탁한 권문세가와 더불어 백성을 수탈한 적폐 중의 적폐였습니다.

이런 이유로 고려인들이 다반사라는 말처럼 늘 곁에 두고 마시던 차를 조선은 거부했습니다. 불교문화라고 생각했던 것입니다. 그나마 조선 초기에 차를 다릴 사람을 궁중에서 뽑았다는 기록에서 알 수 있듯이 명맥을 유지했습니다. 하지만 결국 차 문화는 조선 중기에는 거의 자취를 감추었습니다.

고려 시대 길거리에 차점茶店이 즐비했던 문화는 사라지고 사찰에서 간신히 명맥을 유지하게 되었습니다. 차의 종류도 달라졌습니다. 용봉차(고려 시대 최고급으로 치던 중국의 발효차)처럼 화려한 중국차 대신 우리나라 자생 찻잎을 덖은 녹차를 즐겼습니다. 생각이 달라지면 정치는 물론 음식도 달라지는 법입니다.

②

조기

휘청거리는 왕권의 상징

"고려의 귀족들은 서로 족망(族望:가문의 명성)을 높이려 한다."

-『송사』'고려전' 중에서

명태·조기·고등어·갈치 등은 우리나라 식탁에 오르는 대표적인 물고기입니다. 하지만 이 가운데 바다에서 잡히는 그 모습 그대로 제사상에 오르는 물고기는 조기가 거의 유일합니다. 명태는 포를 떠서 전으로 제사상에 오릅니다. 고등어·갈치 등은 잘 올리지 않습니다.

조기는 겨울을 제주도 근처 남쪽 바다에서 보내다가 봄이 되면 산란을 위해 서해안 북쪽으로 이동하는 회유 어종입니다. 맛이 좋아 우리 민족이 오래전부터 구이나 찌개로 먹던 생선입니다. 민어과인 이 생선은 귀에 작은 돌이 있어 '이석어耳石魚'로 불리기도 했습니다.

물고기도 제철이 있습니다. "산란이 끝난 여름 숭어는 개도 안 먹는다"는 말이 있듯이 숭어는 물이 차가운 겨울과 이른 봄이 제철입니다. 가자미와 도미는 봄에 맛있습니다. 반면 농어와 민어는 여름, 전어와 광어는 가을이 맛있습니다. 조기도 마찬가지입니다.

조기가 고려 왕의 밥상에 오른 까닭은?

지역마다 조금씩 다른데, 음력 3월이면 겨울을 난 제주 남쪽에 있던 조기가 무리 지어 서해안으로 이동합니다. 때맞춰 어민과 상인들이 모여들었는데 이걸 '파시波市'라고 합니다. '파도 위에 자리 잡은 시장'이라고 할까요? 이 가운데 전남 영광군 인근의 '칠산 파시'가 가장 유명했습니다. 고려 시대부터 영광 조기를 잘 말려서 왕에게 진상했다고 합니다.

고려 때 왕들이 조기를 비롯해 전국 진미를 맛볼 수 있었던 것은 해운업의 발전 덕분입니다. 이 시기 선박을 만들고 운용하는 기술이 발달하면서 먼바다까지 나갈 수 있었습니다. 덕분에 전국에서 세금

연평도 해안에 정박한 조기잡이 어선에 식수를 공급하는 모습(1940년대). ⓒ국립민속박물관

(곡식)을 걷을 수 있었습니다. 고려가 수도를 개경으로 잡은 이유 중 하나는 개경이 바다와 강에 인접해 세금인 곡식을 배로 나르는 조운 漕運 체계를 운용하기 쉬운 최적지였기 때문입니다. 조선이 수도를 한강 하구의 도시인 한양(고려 시대 남경)으로 잡은 것도 비슷한 이유에서입니다.

여기서 한 가지 의문이 드는데요. 그렇다면 신라는 왜 강이나 바다를 끼지 않은 도시 경주를 수도로 삼았을까요? 신라는 유물에서 아라비아의 유리 제품이 출토될 정도로 해외 무역이 활발했습니다. 신라의 대표적인 무역항은 울산이었습니다. 하지만 신라는 조운을 할 필요가 없었습니다. 왕은 경주 인근 지역을, 나머지 지역은 호족들이 다스리는 통치 체계였기 때문입니다. 중앙은 중앙대로 지방은 지방대로 살면 되는 것이었죠. 그래서 신라 왕조는 자기의 뿌리가 있던 경주를 떠나지 않았던 것입니다. 우리에게 친숙한 근대적 개념의 국세國稅는 중앙 집권 시스템이 어느 정도 완성된 뒤에야 할 수 있던 통치 행위였던 것이죠.

왕위 세습이 시작된 5세기 이후 신라 사회는 서양의 초기 중세와 비슷했습니다. 왕은 충성을 맹세한 지방 귀족들에게 토지를 하사합니다. 귀족들은 이 땅을 소유하고 지역의 세금도 거둬들였어요.

하지만 고려는 중앙과 지방에서 모두 세금을 걷었습니다. 신라에 견줘 왕권이 좀 더 강했던 중앙 집권 국가였습니다. 이를 상징적으로 보여 주는 것이 바로 지역 특산물을 세금으로 바치는 '공납'입니다. 이 틀이 잡힌 때가 바로 고려 시대였습니다. 이는 이웃 나라인 중국의 당나라가 고안한 '조용조租庸調' 시스템에서 온 겁니다. '조租'는 지금으로 치면 토지세입니다. 수확된 곡물에 부과하는 세금이에요. '용庸'은 노동력을 제공하는 '부역'으로, '요역'이라고도 합니다. 마지막 '조調'가 바로 지방 특산물의 진상입니다. 요즘 우리가 쓰는 '피하고 싶은 사람'을 일컫는 '진상'이란 단어가 여기서 나온 것으로 추측됩니다.

고려 시대 대표적인 진상품은 산간 지역 인삼과 제주도 전복·밀감이었습니다. 당시 인삼은 지금과 달리 인공 재배가 되지 않는 산삼(천삼이라고 했습니다)이었습니다. 농민들은 조정에 바칠 산삼을 캐기 위해 온 산을 헤매야 했습니다. 이렇게 얻은 산삼은 수도 개경뿐 아니라 중국으로도 갔습니다. 중국은 신라 시대부터 우리나라 산삼을 진상받았습니다. 전복도 귀해서 양식이 일반화되지 않았던 당시 제주 사람들은 목숨을 걸고 바다에 뛰어들어야 했습니다. 밀감도 수탈이 심해서 농민들은 밀감나무를 일부러 베어 버릴 정도였다고 합니다. 특산물을 걷어 가는 이런 전근대적인 공납제貢納制는 조선 시대까지 그대로 이어졌습니다.*

하지만 고려의 토지세는 신라 시대에 견줘 매우 낮았고(수확량의 10% 정도였습니다) 중앙 정부의 공납에 대한 압박도 조선 시대처럼 완벽한 중앙 집권 상태가 아니었기 때문에 세금 문제로 인한 심각한 국론 분열은 없었습니다. 대신 고려는 잦은 왕권 다툼으로 건국 초기 100년이라는 귀중한 시간을 까먹습니다.

---

* 조선 후기 공납제의 폐단을 없애고자 모든 공물을 쌀로 통일하여 납부하는 대동법을 실시했습니다. 조선 중기 이이李珥가 제안한 이 개혁안은 200여 년이 지난 뒤인 광해군과 숙종 때 도입되었습니다. 임진왜란이라는 큰 사건이 있었던 탓이었습니다. 뒤의 '고추 편'에서 다시 이야기하겠습니다.

말린 조기를 굴비라고 이름 붙인 이자겸

굴비는 고려 초기 휘청거리던 왕권을 상징적으로 보여 주는 음식입니다. 굴비란 말린 조기를 말합니다. 우리나라는 어떤 지역이든 생선을 말려서 먹는 전통이 있습니다. 바다 물고기는 해류를 따라 이동하기 때문에 특정 시기에 많이 잡힙니다. 풍족할 때 잡아 둔 물고기를 말려 놓았다가 물고기가 오지 않는 시절을 견디는 겁니다. 그래서 바닷가 사람들은 명태, 민어, 가자미, 청어, 대구 등을 잡아 건조해 두고두고 먹었습니다.

말린 조기가 굴비라는 이름을 가진 까닭은 아마도 말리면서 구부러지는 모습에서 온 것으로 추측됩니다. '구부러지다'+'이(사람이나 사물을 나타내는 명사형 접미사)'가 붙어서 '구부리'나 '굴어' 등으로 불리다 굴비가 된 것으로 보입니다. 한자로는 '굴비屈非'로 씁니다. '꺾이지 않는다'라는 뜻입니다.

말린 물고기에 이런 멋진 이름을 붙인 사람은 고려 예종(1079~1122) 때 인물 이자겸으로 알려져 있습니다. 지금의 전남 영광으로 귀양을 간 그는 그곳에서 잡힌 맛 좋은 물고기인 말린 조기를 왕에게 진상하면서 굴비라고 이름을 붙였다고 합니다. 역모를 꾀했다는 것이 모함이며 자신은 결코 비굴하게 타협하지 않겠다는 뜻으로 그렇게 이름 붙였다는 거예요. 여기에는 고려 시대 치열한 왕권 다툼의 사연이 녹아 있습니다.

이자겸은 그의 딸을 고려 16대 왕인 예종의 왕비로 들여 아들을 낳아 왕위를 계승케 하였습니다. 그리고 예종 아들인 인종에게도 자신의 셋째·넷째 딸을 시집보냈습니다. 즉 외할아버지가 자신의 딸들을 자신의 외손자에게 결혼시킨 것입니다. 인종 입장에서 보면 이자겸이 장인이자 외할아버지이고 이모가 부인이 된 셈입니다. 지금의 윤리 의식과 상식으로는 전혀 이해가 되지 않지만 당시는 이런 식의 친족 간 혼인이 흔했습니다. 그리스·로마 신화에서나 볼 법한 이야기가 1000년 전 우리나라에도 있었던 것입니다. 잠시 왕족의 근친혼 이야기를 해볼까요?

신라가 삼국을 통일할 수 있었던 여러 가지 이유 가운데 하나는 성골(왕족과 왕족이 결혼해 낳은 자손) 출신 왕이 없어지면서 진골(왕족과 귀족이 결혼해 낳은 자손)이 왕이 됐기 때문입니다. 성골들은 권력을 지키기 위해 근친혼을 했습니다. 선덕여왕이 왕이 된 것도 당시 지배층이 여성 인권을 존중해서가 아니라 성골 출신 남자가 없었기 때문이었습니다.

그런데 근친혼은 치명적인 약점이 있었는데, 후대로 갈수록 열성 유전자가 부각된다는 점입니다. 근친혼으로 태어난 후손들은 질병에 취약해집니다. 그러나 당시 사람들은 순혈주의가 생물학적으로 위험한 결과를 낳는다는 사실을 몰랐습니다.

최초의 진골 출신 왕은 무열왕(김춘추)이었습니다. 김춘추는 선덕여왕의 조카였습니다. 선덕여왕의 여동생과 김춘추의 아버지가 결혼했던 것입니다. 이후 신라는 김유신 같은 가야 출신을 받아들입니다. 기존의 왕권을 잡았던 성골과 달리 진골들이 보여 준 역동성이 삼국 통일 원동력이 되었던 것입니다. 그렇지만 근친혼은 고려까지 이어졌습니다. 이후 조선 시대 근친혼을 엄격하게 금하는 유교가 보편화되면서 완전히 사라집니다.

한편 '천년 왕국' 신라는 고려에 불교처럼 훌륭한 자산뿐 아니라 골치 아픈 유산도 물려주었습니다. 바로 '호족'입니다. 신라는 676년 삼국 통일 이후에도 골품제라는 엄격한 신분 제도를 그대로 고집합니다. 백제·고구려 유민들을 받아들이려면 이런 고리타분한 신분 제도를 어떻게든 바꿔야 했을 것입니다. 그러나 신라는 그러지 않았습니다. 여기서 신라라는 나라의 보수적 성향을 알 수 있습니다. 결국 통일 신라는 골품제에 불만을 품은 호족들의 봉기로 혼란에 빠집니다. 그들 중에 가장 강력한 세력은 호남 지역의 견훤과 강원 지역의 궁예였습니다. 두 인물 모두 경주와 먼 지역에서 봉기했습니다.

고려, 권력 다툼으로 100년을 까먹다

고려도 마찬가지 상황에 처합니다. 왕건이 고려를 개국하자마자 여기저기서 반역 사건이 일어나는가 하면 여러 호족들과 결혼에서 낳은 왕자들이 서로 왕 자리를 차지하려는 '막장 드라마'가 펼쳐집니다. 통일을 위해 29명이나 되는 비를 맞은 왕건의 정책 때문에 고려는 첫발부터 삐걱댄 셈입니다. 왕족들의 이전투구는 왕건이 죽은 직후 2대 혜종 때부터 벌어집니다. 그 결과 개국 40년 동안 왕이 무려 여섯 명이 등장해요. 왕의 잦은 교체로 국력이 크게 약해집니다.

4대 임금인 광종은 주목할 만합니다. 그는 우리나라 역사상 처음으로 과거 제도를 도입합니다. 호족을 견제하고자 시험으로 인재를 등용했던 것이었습니다. 중국에서 수나라 때 과거 제도가 도입됐던 이유와 똑같습니다. 어느 나라나 왕권을 강화하려면 지방 호족들을 제어해야 했습니다.

호족들의 사병이던 노비를 풀어 주어 평민 신분으로 만드는 노비 안검법'을 실시합니다. '노비奴婢'란 남자 종인 노奴와 여자 종인 비婢를 총칭하는 말입니다. '안검按檢'이란 살펴본다는 뜻입니다. 즉 노비가 된 사유를 들어 보고 양인으로 만들어 주는 법을 말합니다.

광종의 각종 정책은 어느 정도 호족들을 견제하는 데 성공합니다. 상당수를 중앙 권력에서 쫓아내거나 제거했어요. 조선 시대에 태종이 개국공신을 포함해 자신의 처남들까지 전부 숙청했던 것과 비슷했습니다(조선 태종도 노비를 양인으로 만들어 주었습니다. 역사는 이처럼 반복되는 모습을 보여 주기도 합니다).

하지만 광종이 물러나자 호족들은 또다시 왕과 권력 다툼을 벌였습니다. 사태는 11대 문종 때까지 이어집니다. 100년이란 오랜 시간 동안 고려는 정치 시스템을 정비할 틈도 없이 왕위를 놓고 피비린내 나는 집안싸움을 벌였던 것입니다.

이러한 사태의 근본 원인은 왕이 휘두르는 무소불위의 권력 때문입니다. 조선 시대까지 왕은 법 위에 존재했습니다. 그러니 너도나도 목숨을 걸고 불나방처럼 왕권 다툼에 뛰어들었습니다. 근대와 중세의 가장 큰 차이는 이런 권력을 견제하고 균형을 맞출 시스템이 있느냐 없느냐에서 옵니다.

아쉽게도 동양은 이런 권력의 속성을 제대로 파악하지 못했습니다. 유교와 힌두교 그리고 이슬람 등의 종교 교리에 입각해 인간의 욕망을 통제하려 했을 뿐입니다. 시스템이 아니라 '선한 마음'이나 '하늘의 뜻'과 같은 모호한 개념으로 문제를 해결하려고 했던 것입니다. 그래서 동양에서는 헌법, 의회, 시민 단체, 중앙은행 같은 권력을 감시하는 시스템이 20세기 이전까지 존재할 수가 없었습니다.

고려의 근친혼은 이러한 다툼을 해결하기 위한 나름의 방법이었습니다. 왕족이 자기들끼리 결혼함으로써 아예 외척이나 호족을 만들기 않으려던 것이지요. 하지만 이는 근본적인 해결책이 아니었습니다. 힘이 센 외척이 계속 생겨났으니까요. 그중 한 사람이 바로 말린 조기에 굴비라는 이름을 붙인 이자겸입니다.

이자겸은 인주 이씨(인주는 현재 인천 지역입니다)였습니다. 이 가문은 딸들을 왕에게 시집보내는 방식으로 권력을 잡았습니다. 예종·인종 때는 왕의 장인이자 외할아버지로서 엄청난 권력을 휘둘렀습니다. 왕을 비웃기라도 하듯 자신의 집에서 대신들을 모아 놓고 각종 회의를 했습니다. 심지어 군사를 일으켜 왕을 가두기도 했습니다. 하지만 내부자의 배신으로 결국 전라도 정주(지금의 전남 영광)로 유배를 가게 되지요. 『고려사』는 이자겸에 대해 "권세가 더욱 성하게 됨에 뇌물이 공공연하게 들어와 사방에서 선물이 모여들어 썩어 가는 고기가 항상 수만 근이나 되었다"고 비판했습니다.*

고려를 위협하는 세력은 외척과 호족만이 아니었습니다. 서경을 근거지로 한 토착 세력들이 번번이 중앙과 충돌했습니다. 대표적인 것이 1135년 수도를 서경으로 천도하자고 외치며 일어난 '묘청의 난'이었습니다. 일제 강점기 독립운동가이자 사학자였던 단재 신재호 선생은 이 사건을 우리 민족의 만주 회복 기회가 사라진 계기로 평가하며 애석해했습니다. 하지만 그 성격상 호족들의 간섭으로부

---

* 이렇게 외척들이나 일부 신하가 정치 전반에 강력한 영향력을 행사하는 정치를 '세도 정치'라고 합니다. 세도 정치는 고려뿐 아니라 조선 시대에도 일어나 결국 조선의 명운을 재촉합니다.

터 자유롭지 못했던 고려 통치 시스템의 균열이 만들어 낸 사건으로 봐야 합니다.

고려 귀족은 대부분 호족들의 자식이었고 과거를 통해 중용된 사람은 많지 않았습니다. 이는 시험으로 대부분의 관료를 뽑던 조선과 큰 차이입니다. 귀족들의 반란과 민란이 끊임없이 이어진 고려와 달리 조선이 비교적 조용하게 지나갈 수 있었던 것도 이러한 관료 등용 시스템과 관련이 깊습니다.

'이자겸의 굴비 이야기'에는 이야기꾼들의 각색이 섞여 있을 것입니다. 짭짤하면서 씹는 맛이 일품인 굴비를 굳이 왕족과 외척이 진흙탕 싸움을 벌였던 고려 시대 정치로 끌고 온 것도 후세의 호사가들이었겠지요.

'밥도둑'으로 불리는 이 맛난 반건조 생선은 1000년이 지난 지금도 귀한 먹거리입니다. 이 귀한 생선이 정치 풍자의 소재로 쓰였다는 것은 고려의 역사가 그만큼 굴곡졌다는 뜻일 것입니다.

③

청자

식탁을 넘어 생활을 디자인하다

"영롱하기가 맑은 물을 닮고
단단하기가 바위와 맞먹네.
이제 알겠네. 청자 술잔 만든 솜씨를
하늘의 조화를 빌렸나 보네."

-이규보의 시詩 '청자송'

우리 민족은 '세계 최초'를 참 많이 만들어 냈습니다. 세계 최초 금속 활자, 세계 최초 측우기, 세계 첫 온실溫室은 물론 가장 오래된 목판 인쇄물도 우리나라에 있습니다. 한민족은 그만큼 창조성이 뛰어나다고 할 수 있습니다. 어쩌면 아프리카에서 아시아 대륙의 동쪽 끝까지 걸어왔던 우리 조상의 은근과 끈기가 우리 디엔에이에 새겨져 있는 탓인지도 모릅니다.

제가 우리나라 예술품 중에서 가장 좋아하는 것이 도자기입니다. 지금도 고려청자와 청화백자를 보면 가슴이 뜁니다. 어쩜 이렇게 아름다운 그릇을 만들 수 있었을까? 하고 감탄하게 됩니다. 중국이나 유럽의 도자기도 근사하기는 하지만 울긋불긋 매우 화려합니다. 크기도 어쩌면 그렇게 큰지, 이런 도자기들은 사람의 감정을 압도하는 데 중점이 맞춰져 있는 듯합니다. 반면 우리나라 도자기들은 은은한데도 오히려 더 많은 말을 걸어오는 듯한 친숙한 아름다움이 있습니다.

미술 평론가들이 우리나라 도자기의 최고봉으로 고려청자를 많이 꼽습니다(개인적으로는 그림과 자기가 멋지게 어우러진 조선의 청화백자를 으뜸으로 꼽습니다. 특히 무심하게 그려진 물고기나 꽃 그림이 그려진 작품을 좋아합니다). 고려 귀족 문화의 높은 봉우리를 보여 준다는 게 한결같은 지적입니다.

청자로 기와·의자·악기까지 만든 고려

고려는 청자의 나라였습니다. 청자가 어느 정도로 대중들의 삶을 파고들었느냐 하면 주전자와 찻잔, 그릇은 물론이고 각종 문방구를 비롯해 이자·기아·아기 등 기상천외한 생활용품도 청자로 만들었습니다. 귀한 청자로 기와를 만드는 것은 일부 계층에게 국한된 일이었겠지만 그만큼 자기 문화가 발달한 나라라는 의미로 봐야 합니다.

청자는 원래 중국에서 처음 만들어졌습니다. 하지만 고려의 청자는 중국과 달리 독특한 방식으로 발전해 자기의 고향인 중국 사람을 놀라게 할 정도였습니다. 중국은 이미 한나라 때부터 얇고 강하고 아름다운 자기 그릇에 음식을 먹었던 나라였습니다.

비슷한 시기에 유럽은 두툼한 도기에 숟가락과 포크도 쓰지 않고 음식을 손으로 먹었습니다. 유럽에서 포크와 숟가락은 1200년쯤에야 등장합니다. 그것도 동로마 제국에서 베네치아 가문으로 시집가는 공주에 의해서 건너갔습니다. 그전까지 유럽에서 포크를 썼다는 기록은 없습니다. 이 포크가 피렌체의 유력한 가문인 메디치가의 카테리나 데 메디치(1519~1589, 프랑스 이름은 카트린 드 메디시스)가 프랑스 앙리 2세와 결혼하면서 프랑스에 전해집니다.

서양에 견주면 동양의 음식 문화가 훨씬 격조가 있었던 셈입니다. 이런 식탁 문화의 격차는 중세 시대 동서양의 시대상을 반영합니다.

476년 서로마 제국이 멸망한 뒤 유럽은 게르만족의 약탈에 시달립니다. 그 피해가 어느 정도였냐 하면, 이 시기 서유럽 인구의 3분의 1이 줄어듭니다. 로마 시대부터 전해지던 책들도 약탈로 사라지면서 암흑의 시대가 됩니다. 경제적으로도 어려워서 물레방아 방앗

이탈리아 시칠리아 팔레르모의 노르만 왕궁 내부에는 중국 자기와 중국 문화를 그린 벽화를 전시한 공간이 따로 마련되어 있다. ©권은중

간마저 지을 형편이 안 되었다고 합니다. 유럽이 제 모습으로 돌아온 것은 11세기가 되어서였습니다. 사정이 이렇다 보니 서양인들이 동양의 아름다운 생활용품을 보고 감탄하고 탐내는 것은 당연한 일이었겠지요. 그중 하나가 자기였습니다.

　동서양 문명의 교차로에 있던 이탈리아 시칠리아의 주도 팔레르모에는 노르만 왕궁이 있습니다. 12세기 십자군 전쟁에 참여했던 북유럽인들이 용병으로 이탈리아에 왔다가 따뜻한 기후에 반해 아예 거기에 자리를 잡은 것입니다. 그런데 노르만 왕궁은 상당히 넓은 공간을 중국식 건축과 자기로 장식을 해놓았습니다. 누르만족이 시칠리아를 지배하던 시절, 이들은 문화적 편견이 없이 아랍과 아프리카 문물을 적극 받아들이고 교류했습니다. 자연스럽게 무역과 상업이 발전했고 그 과정에서 중국 자기가 시칠리아까지 들어왔던 것입니다.

노르만 왕궁은 돌로 지어진 요새에 가깝습니다. 전쟁이 빈번하던 시기에 해안가에서 떨어진 언덕에 돌로 튼튼하게 지었어요. 돌로 만든 서양식 요새 깊숙이 자리 잡은 공간을 중국풍 방과 도자기로 꾸미다니요. 상상이 가나요? 그만큼 서구는 중국을 동경했고 그 핵심에는 자기가 있었습니다.

자기는 왜 중국의 히트 상품이 되었나?

도자기는 청동기와 철기와 비슷한 역사적 발전 단계를 갖습니다. 흙을 800도 정도에서 구우면 토기가 됩니다. 여기에 재를 탄 물 같은 유약을 발라 다시 구우면 우리가 쓰는 항아리 같은 투박한 색깔의 도기가 됩니다. 도기는 1만 2000년 전부터 만들었다고 추정됩니다.

오랜 역사의 도기를 한 단계 업그레이드시킨 것이 자기입니다. 일단 도기보다 굽는 온도도 높고 공정이 추가됩니다. 자기는 1200도에서 구운 토기(초벌)에 유약을 발라 한 번 더 굽습니다. 이때 온도를 높이기 위해 가마 벽을 밀폐시키는 것이 핵심입니다. 고온에서 제작된 자기는 도기에 견줘 얇고 강했습니다. 중국 자기는 여기에 유약을 발라 화려한 색깔을 냈습니다. 이렇게 만들어진 중국 자기는 1800년대까지 서양 귀족들이 탐내는 사치품 중의 사치품이었습니다.

유럽의 국가들이 중국 자기를 너무 수입하는 바람에 재정 적자가 심해질 정도였어요. 그래서 유럽 국가들은 중국 자기와 경쟁할 제품을 만드는 데 총력을 기울였습니다. 하지만 재료가 없었습니다. 유럽 땅은 고열을 견디는 고령토(백토라고도 합니다)를 구하기 힘들었습니다. 그래서 영국은 고령토 대신 소뼈를 갈아 넣는 방식의 '본차이나'를 고안해 내기도 했습니다. 이렇듯 치열한 경쟁 속에서 영국, 네덜란드는 물론이고 덴마크, 스웨덴, 폴란드 등 유럽 각 나라가 고유의 도자기를 만들어 냈습니다.

지금은 중국 도자기보다 영국, 네덜란드, 덴마크의 도자기가 더 비싸고 잘 팔립니다. 역사는 영원한 승자도 패자도 없이 돌고 도는 걸까요? 과거의 모습 때문에 우쭐하거나 반대로 실망할 필요는 없어 보입니다. 역사를 자랑할 것도 그리고 감출 것도 없다는 뜻입니다.

청자 역시 맨 처음에는 중국에서 고안됐습니다. 철 성분이 든 흙을 구워 보니 독특한 색이 나오는 것을 발견하고 청자용 유약을 만든 것입니다. 우리나라에도 10세기쯤 이 청자가 들어옵니다. 하지만 고려

청자는 훨씬 색이 곱고 아름답습니다 순전히 고려 장인들의 공입니다. 청자의 비취색은 당시 귀한 보석이던 옥과 닮았습니다. 고려의 장인들은 유약으로 보석 같은 자기를 만들었던 것입니다. 그뿐만이 아닙니다.

중국에서 들어온 청자는 애초 별다른 문양이 없었습니다. 하지만 고려에서 12세기에 흙으로 빚은 자기의 표면을 긁어내고 거기에 흰 흙과 붉은 흙으로 구름이나 새들을 표현하는 상감象嵌 기법을 개발합니다. 나중에는 여기에 은을 집어넣기도 했습니다.

고려는 무역에 적극적인 국가였습니다. 외국과 무역을 계속하려면 국제 상거래 결제 수단인 금이나 은이 필요합니다. 이를 벌어들이려면 팔릴 만한 상품이 있어야 합니다. 그렇지 않고 수입만 하다 보면 나라 빚이 늘고 결국엔 산업 기반이 무너집니다. 고려는 수출품의 하나로 청자를 택했습니다.

고려청자가 천하제일로 불린 까닭은?

핵심 기술인 상감 기법은 어떻게 개발된 걸까요? 예술사 전문가들은 삼국 시대부터 이어진 나전칠기 기술에서 온 것으로 추정합니다. 나전이란 전복이나 조개껍질을 잘게 깨서 문양을 만드는 우리나라

고려청자. ⓒ국립중앙박물관

의 전통 목공예입니다.

우리나라는 갯벌이 풍부하고 계절별로 수온 차이가 커 해산물이 풍부합니다. 조개도 그중 하나예요. 나전칠기는 바다가 주는 풍성한 먹거리가 예술적 상상력으로 이어진 것입니다. 곳간에서 인심만 나는 게 아니라 아름다움도 납니다.

고려청자는 중국에서도 인기가 있을 정도로 완성도가 뛰어났습니다. 1123년(인종 1년) 송나라 사신으로 고려에 왔던 서긍이 "고려청자의 기술이 뛰어나며 색이 더욱 아름답다"라고 했습니다. 또 북송

맡기이 문집 『수중금袖中錦』에는 "고려청자의 비색이 천하제일"이라는 칭송이 나옵니다.

고려 때 도자기가 발달한 중요한 이유는 상업을 중시했기 때문입니다. 고려 이전에도 그랬습니다. 고조선은 모피와 소금을 중국과 교역하던 무역 강국이었습니다. 부여와 고구려·백제·신라도 이웃 나라들과 활발한 교역을 했습니다. 고구려를 뒤이은 발해 역시 중국, 일본과 모피 무역을 했다는 기록이 있습니다. 전남 완도에서 활동하던 장보고가 유명해진 것도 한·중·일 교역에서 중요한 역할을 했기 때문입니다. 한마디로 조선 이전까지 한반도에서 무역은 융성했고 그 정점에 고려가 있었습니다.

고려의 개방성은 문화에서도 나타납니다. 고려 시대 귀족 문화는 한마디로 '짬뽕'이었습니다. 신라나 조선처럼 한 가지 종교만 신봉했던 것이 아니에요. 유교, 불교, 도교 그리고 불교에 구세주 개념을 첨가한 미륵 사상까지 모두 뒤섞여 있었습니다.

고려의 개방성은 당시의 오래된 혼란에서부터 비롯된 것입니다. 고구려, 백제, 신라의 삼국 시대가 있었고, 통일 신라 말기에는 후삼국 시대(신라, 후백제, 후고구려)가 열립니다. 오늘날처럼 '민족' 개념이 약했으니 당시 그들은 다른 나라 사람이나 마찬가지였을 거예요. 거란에 멸망한 발해 사람들까지 고려로 들어옵니다. 새로운 왕조를 연 고려는 이들 다양한 백성을 끌어안아야 했습니다. 그러다 보니 특정 종교에 편향되지 않고 불교와 유교, 하늘을 숭상하는 도교 그리고 토착 신앙까지 모두 받아들인 것입니다. 단군 신화가 우리 민족의 역사로 기록되기 시작했던 것도 고려였습니다. 고려의 개방성은 고려만의 자신감이기도 했습니다.

청자는 이런 분위기 속에서 탄생한 걸작입니다. 하지만 이 아름다운 청자를 만들었던 장인에 대한 예우는 어땠을까요? 초기에는 대부분 국가가 지정한 가마인 관요에서 만들었을 것으로 추정되고 있습니다. 그러나 장인들은 일반 행정 구역이 아닌 하층민 거주지인 향·소·부곡 소속에서 살았습니다.

고려 시대는 호족들 세력이 강해 강력한 중앙 집권이 이루어지지 않았습니다. 따라서 중앙의 행정력이 미치지 않는 지역도 많았는데 향·소·부곡이 그런 자치 구역의 하나였습니다. 여기 주민은 납세와 함께 부역의 의무를 졌는데 예술품인 청자를 공급하는 부역은 고된 일이었습니다.

한편 고려의 권문세가들이 고려 초 전시과로 받은 땅을 세습화하고 평민들의 땅을 사들였어요. 이런 방식으로 광대한 토지 확장을 하면서 향·소·부곡에 대한 수탈이 이루어졌습니다. 향·소·부곡에 있는 사람들 입장에서 보면 세금도 내야 하고 거기다 부역도 해야 하니 한층 더 가혹한 착취를 받은 셈입니다. 그래서 이 지역에서는 반란이 빈번했습니다.

대표적인 것이 고려 명종 때 공주 명학소鳴鶴所에서 일어난 망이·망소이의 난입니다. 이들은 공주를 함락시키고 3000명의 토벌대를 궤멸시키기도 했습니다. 이런 민란은 고려 후기까지 끊임없이 일어났습니다.

무신의 난 이후 중앙 정부는 제 기능을 못 했습니다. 이런 와중에 상업 활동과 농업 생산력 증가로 거부들이 생겨났습니다. 대토지를 소유한 절도 늘어났습니다. 고대 로마와 중세 말 교회의 부패를 합쳐놓은 듯한 절망적인 상황이었던 셈입니다.

귀족과 승려들은 사치를 즐겼고 관에서 생산하던 청자는 민간 주도로 넘어가게 됐습니다. 향·소·부곡의 장인들이 권문세가에 소속되어 독자적인 제품을 만들기 시작합니다. 은을 도자기 표면에 집어넣은 은입사 청자는 승려들이 쓰던 물병(정병)으로 주로 쓰였습니다. 청자의 르네상스는 이렇게 관이 아니라 권문세가에 소속된 장인들에 의해 만들어졌습니다

청자, 조선에서는 왜 사라졌나?

예술품이자 생활용품이던 청자는 조선이 들어서면서 사라집니다. 옷도 색깔 없는 것을 입으라고 했던 조선의 엄격한 성리학 법도가 청

자의 고유한 색깔마저 문제 삼았던 것일까요? 화려하고 섬세했던 청자의 자리를 다소 서민적인 백자가 차지합니다.

도자기 장인에 대한 차별도 심해졌습니다. 고려 시대에도 향·소·부곡에 살면서 천대는 받았지만 그나마 신분은 양인이었습니다. 그러나 조선 시대에는 완전한 천민이 됩니다. 농업을 최우선시했던 조선은 상업과 공업을 천시했습니다. 당연히 도공을 곱게 보지 않았습니다. 조선백자의 무심한 색과 선은 도공들이 받았던 아픔을 승화시킨 것인지도 모르겠습니다.

천민으로 전락한 도공들은 임진왜란 때 일본으로 끌려갔습니다. 그곳에서 조선에서와 달리 우대받으며 일본 도자기의 역사를 새롭게 썼지요. 당시 도공들은 자신을 천대하던 고향을 그리워했을까요, 아니면 비록 끌려오긴 했지만 대우가 좋은 그곳이 더 낫다고 생각했을까요? 알 수 없는 일입니다.

고려와 조선의 신분제는 유망 산업을 쇠퇴시켰습니다. 경제를 살릴 아름답고 인기 있는 상품임에도 생산자를 천시한 고려의 실수는 앞서 신라가 했던 일이었습니다. 사농공상으로 사람을 차별하는 조선도 역시 똑같은 실수를 범했어요. 당시 도공들은 자신의 재능을 자랑스러워하기보다 오히려 부끄러워했을 것입니다.

직업으로 사람을 차별하는 문화는 오늘날에도 존재합니다. 많이 개선되었다고는 하지만 아직 우리 사회는 예술인과 장인은 물론이

백자. ⓒ국립중앙박물관

고 육체노동 자체를 제대로 평가해 주지 않습니다. 차별의 역사가 계속되고 있는 것입니다.

그러나 우리는 기억합니다. 고려와 조선의 고색창연한 사상은 죽었으나 당대의 아름다운 도자기는 지금까지 큰 찬사를 받고 있다는 사실을 말입니다. 영국 현대 도예의 아버지로 불리는 버나드 리치는 미국 명문 앨프레드 도예 학교 강의에서 이렇게 말합니다. "현대 도예가 나아갈 길은 500년 전 조선 도공의 길을 배우고 찾아가는 것이다." 이념이나 정치는 순간이지만 예술은 깁니다.

만두

우리 밥상에 찾아온 육식 문화

"쌍화점에 쌍화(만두)를 사러 갔는데
회회(이슬람계 서역인) 아비가 내 손목을 잡았네.
이 말이 이 가게 밖에 나고 들면
조그만 광대 네 말이라 하리라."

-고려 속요 '쌍화점' 중에서

만두는 간편하지만 맛도 좋은 데다 속을 든든하게 채울 수 있는 음식입니다. 흔히 중국이 본고장으로 알려져 있습니다. 하지만 만두는 세계 어느 나라에서나 볼 수 있는 음식입니다.

우리나라와 중국, 일본은 돼지고기, 부추, 숙주로 속을 넣어 먹고 이탈리아는 치즈와 고기 혹은 채소를 넣어 만든 '라비올리'라는 이탈

만두를 파는 노점의 모습(일제 강점기). ⓒ국립민속박물관

리아식 만두를 즐깁니다. 중국 북부와 몽골의 만두는 우리 것과 비슷해요. 반면에 중국 남부는 얇은 반죽에 새우와 고기를 넣은 딤섬을 먹습니다. 인도의 사모사, 중남미의 엠파나다, 베트남의 짜조, 러시아 펠메니 등 비슷한 음식은 끝이 없습니다. 특히 러시아 펠메니는 우리나라 찐만두와 똑같이 생겼습니다. 그만큼 만두는 보편적인 요리입니다.

만두가 어느 지역이나 각광을 받은 이유는 맛에 있습니다. 고기나 해산물로 만든 속을 곡물로 만든 껍질로 감싸서 튀기거나 삶은 요리가 만두입니다. 육즙이 양념과 함께 껍질에 배어 맛이 풍부합니다. 영양도 좋아서 3대 영양소인 탄수화물·단백질·지방 등이 고루 조화롭습니다. 미리 만들어 놓은 만두를 찌거나 삶으면 바로 먹을 수 있는 간편함도 장점입니다. 만두는 한마디로 맛과 영양 그리고 편리함의 세 박자를 갖춘 음식입니다.

고려, 고구려도 못했던 황제국에 오른 까닭은

우리나라에서 만두는 고려 말부터 광범위하게 퍼진 것으로 전해집니다. 고려 초가 아니라 고려 말에 만두가 퍼진 것은 경제적 부의 문제가 아니라 종교 탓이 큽니다. 당시 고기가 귀하기도 했지만, 불교의 가르침에 따라서 고기를 즐겨 먹지 않았던 것으로 추측됩니다. 불교는 다른 생명을 빼앗는 것을 금하고 있습니다. 300년쯤 고구려부터 들어온 불교는 왕실의 적극적인 후원으로 백성들의 삶에 큰 영향을 끼쳤습니다. 그 가운데 하나는 먹거리였습니다.

중국 북송 사신인 서긍은 고려에 왔을 때 사람들이 돼지를 잡는 모습을 보고 충격을 받았다고 기록해 놓았습니다. 내장도 제거하지 않은 돼지를 그냥 불에 구워 냄새가 고약했던 탓입니다. 돼지나 소 같은 육류는 내장과 피를 제거하는 도축 과정을 거쳐야 조리해도 역한 냄새가 나지 않습니다. 이런 요령을 몰랐던 것입니다. 불교의 나라인 통일 신라와 고려를 거치면서 고기를 먹는 문화가 위축된 것입니다. 그래서 고려 때 고기 요리는 거란이나 여진족처럼 귀화한 사람들이 도맡았다고 합니다. 고기를 만지는 사람을 천시하는 풍습도 이때 생겨났다는 주장이 있습니다.

요즘 시각으로 보면, 나라에서 고기를 못 먹게 한다는 것도 그렇고, 그런다고 고기를 안 먹는 것도 이해가 잘 안 갑니다. 하지만 우리나라만 그랬던 것이 아닙니다. 일본도 675년 덴무왕이 일본 통일 뒤 불교 율령을 반포하면서 소나 돼지 같은 가축을 먹지 못하게 했습니다. 일본은 이 전통을 무려 1200년간 유지해 오다가 1868년 메이지 유신 때 폐기합니다. 메이지 유신 뒤에도 여전히 일본 사람들이 고기를 안 먹자 왕이 직접 나서서 독려했다고 합니다.

지금 일본은 미국산 소고기를 가장 많이 수입하는 나라이자 맥도날드 햄버거 매장이 미국 다음으로 많은 나라입니다. 법과 문화가 대중의 음식 문화에 얼마나 영향을 미치는지 단적으로 보여 주는 사례입니다.

근대 이전까지 지배층의 합리적인 판단과 다양성 수용 여부는 그 나라의 운명을 크게 좌우했습니다. 따라서 지배층은 어떤 제도와 사상을 도입할 때 백성들에게 미치는 영향을 면밀하게 고민해야 할 의무가 있었습니다. 고려는 그런 면에서 긍정적인 측면과 부정적인 측면을 모두 가지고 있었습니다.

긍정적인 측면은 고려가 자주적이었다는 점입니다. 고려는 스스로 '천자국'으로 불렀습니다. 왕은 황제라고 불렀고 도시 이름에는 황제의 나라에나 쓸 수 있는 '경京' 자를 붙였습니다. 조선의 수도는 한양이지만 고려의 수도는 개경입니다. '급'이 달랐던 것입니다. 일제 강점기 때 서울을 '경성'으로 낮추고 일본의 수도를 '동경'이라고 높여 부른 것도 이런 맥락이었습니다.

우리나라 역사에서 스스로 황제국으로 칭한 때는 고종의 대한제국 시절과 발해의 문왕 때를 제외하면 고려밖에 없습니다. '대한제국'이 풍전등화의 위기 속에서 나온 고육지책이었고 발해 역시 당나라로부터 책봉을 받던 국가였으며 만주 동쪽 지역에 위치했다는 걸 감안하면, 사실상 한반도의 '황제국'은 고려밖에 없었던 셈입니다.

우리나라 역사상 가장 광대한 영토를 정복했던 고구려도 스스로 황제로 부르지 않았습니다. 그래서 고구려 왕 가운데 이름이 중국 황제처럼 '-종'이나 '-조'로 끝나는 왕은 없었습니다. 대신 독자적인 연호를 쓰는 정도였죠. 물론 조선은 이런 연호조차 쓰지 못하고 중국의 연호를 따라 썼던 중국의 '책봉국'이었습니다. 신라 역시 중국의 연호를 그대로 썼습니다.

하지만 고려는 신라와 마찬가지로 사대주의에 빠져 있었습니다. 사실상 중국의 주류인 송나라를 큰 나라로 모셨던 것이죠. 그리고 송나라와 비슷하게 문관 위주의 정치를 펼쳤으며 과거제를 통한 인재 등용에 힘을 기울입니다. 무관을 뽑는 시험은 아예 없었습니다. 무관은 세습과 추천으로 뽑았고 올라갈 수 있는 최고 품계는 3급에 그쳤습니다. 또한 문관의 지휘를 받아야 했습니다. 거란족과의 싸움에서 승리를 이끌어 낸 명장 강감찬이나 윤관은 모두 문신입니다.

계속되는 외침에도 불구하고, 문신이 상관으로 무신을 지휘·통제하는 구조적인 차별은 무신들의 반발을 불러올 수밖에 없었습니다. 이런 상황에서 1170년 조정에선 열린 연회에서 어린 문관이 나이 많은 무관의 뺨을 때리는 일이 발생합니다. 우발적인 사건이었지만 무관들은 그동안 억눌렸던 감정을 폭발시켰습니다. 격분한 정중부 등의 무신들은 난을 일으켜 많은 문관들을 죽이고 왕마저 폐위했습니다. 무신들은 이 폐위한 왕을 나중에 살해하기도 했습니다. 문관들은 살기 위해 도망을 가거나 무신 정권에 협력해야 했습니다.

군인이던 이들은 기존의 행정 조직인 2성 6부를 무시하고 자신들이 만든 중방 같은 기구에서 나랏일을 자기 마음대로 주무르기 시작했습니다. 법과 원칙보다 주먹과 칼이 앞서는 암흑시대가 열린 것입니다. 중앙 정치가 이렇게 혼란스럽게 되면서 지방 역시 혼돈에 빠졌습니다. 무신들이 아무렇게 임명한 지방관의 수탈이 극심해졌기 때문입니다. 그래서 100년간의 무신 정권 시절에 망이·망소이의 난, 만적의 난 같은 민란이 끊이지 않았습니다. 개국 초 이자겸의 난과 묘청의 난 등으로 어려웠던 고려는 군인들의 쿠데타로 다시 휘청거릴 수밖에 없었습니다.

게다가 무신 정권 시절에는 고대 로마 시대 말기였던 3세기 군인황제 시절처럼 서로를 죽고 죽이는 일이 계속되었습니다. 정중부가 함께 정변을 주도한 사람들을 죽이고 혼자 권력을 차지했지만, 정중부 역시 다른 무신에 의해 살해되었습니다. 계속되는 이전투구에서 최충헌이란 문관 출신 무신이 집권했습니다. 그는 기존의 권력 찬탈자들과 달리 탄탄한 입지를 구축하는 데 성공했습니다. 그래서 그의 아들 최우 등을 포함해 4대가 60년 동안 정권을 유지할 수 있었습니다. 이들에게는 백성을 위한다는 큰 뜻보다는 권력의 쟁취와 유지라는 전술적 목표가 더 중요한 것은 어쩌면 당연했습니다.

1170년부터 1270년까지, 100년 동안 고려를 지배한 무신 정권의 최장 기간 집권자인 최우는 강화도로 수도를 옮기면서까지 몽골과 대립합니다. 그런데 실상은 '항전'이 아니라 권력 유지를 위한 '도피'였습니다. 물에서 약한 몽골군을 피해서 강화로 이동한 것이지 전면전을 벌이기 위한 것이 아닙니다.

최우 무리가 무려 38년간 수도를 강화도로 옮긴 사이 몽골은 섬에 틀어박힌 고려의 지배 세력의 항복을 받기 위해 양민들을 학살하고 사찰에 불을 지르는 등 철저하게 한반도를 파괴합니다. 그러면 최우 세력이 항복할 것으로 생각했기 때문이었습니다. 하지만 집권 세력은 백성의 고통과 문화재 약탈을 외면한 채 강화에서 예전과 같은 호화로운 생활을 영위했습니다.

결국 이 시기 우리나라 고찰과 문화재 상당수가 불에 탑니다. 거란 침입을 부처의 힘으로 막아내기 위해 만든 초조대장경도 이때 소실됩니다. 고려 시대 이후 전쟁이 나면 왕과 귀족들이 가장 먼저 도망가고 남은 백성이 끝까지 남아 싸우는 일이 부끄러운 전통이 됩니다.

1270년 40여 년에 걸친 전쟁이 끝나고 고려 왕실은 몽골과 강화 조약을 맺습니다. 그 대가는 참혹했습니다. 몽골에 매년 처녀와 은을 조공으로 바쳐야 했고 왕세자는 몽골 공주와 결혼해야 했습니다. 왕의 이름에는 몽골에 대한 충성을 뜻하는 '충忠' 자가 붙여졌습니다. 고려는 순식간에 '황제국'에서 '제후국'으로 전락했습니다. 삼별초 등이 끝까지 몽골과 싸웠지만 기울어진 전세를 되돌리지는 못했습니다.

몽골의 간섭이 시작되면서 바뀐 것은 많습니다. 우선 무신 천대에 대한 불만으로 일으킨 난에서 시작한 무신 통치가 100년 만에 끝나게 됐습니다. 또 몽골로 끌려가지 않으려고 일찍 결혼하는 조혼 풍습도 이때부터 나왔습니다. 한국 전쟁 이후까지 조혼의 풍습이 남아 있었으니까 이때의 악습이 수백 년간 이어진 셈입니다.

몽골 침략, 식생활은 어떻게 바뀌었을까

몽골의 영향으로 식생활도 획기적으로 바뀌었습니다. 몽골은 유목 민족입니다. 이들은 농작물보다는 고기로 끼니를 해결합니다. 불교를 믿으면서 육식을 꺼리던 우리 민족은 이제 고기를 본격적으로 먹게 됩니다.

이런 새로운 전통은 고려 가요 '쌍화점'에도 나타납니다. 쌍화점雙花店은 '만두를 파는 가게'를 뜻합니다.* 한 여인이 만둣가게에 만두를 사러 갔는데 외국인 주인이 자신을 유혹한다는 내용입니다. 상업이 발달한 고려의 음식 문화와 개방된 성문화를 보여 주는 작품입니다.

이런 변화가 없었다면 우리는 지금도 19세기까지의 일본처럼 생선과 채식 중심의 식단이었을지도 모릅니다. 일본은 몽골의 침입을 받지 않았습니다. 몽골군을 태운 배가 태풍 때문에 침몰했기 때문이에요. 그 덕분에 일본은 생선과 채소 중심의 식단을 19세기까지 유지합니다. 반면 우리나라는 이때부터 시작된 고기 사랑이 지금껏 이어지고 있습니다. '고기를 먹어야 힘을 쓴다'는 생각을 할 정도로 말이에요. 특히 소고기에 대한 관심이 커지면서 관련 요리가 발달합니다.

---

* 고려 시대 만두는 그 하얀 모습이 서리 내린 모습과 같다고 해서 상화霜花라고 불렸다고 합니다. 만두가 중앙아시아에서 삼사라고 불렸는데 이 단어가 고려에 쌍화로 전해졌다는 분석도 있습니다.

조선 시대가 되면서 소고기는 한국의 음식 문화를 대표하는 식재료가 됩니다. 사람들이 소고기를 얼마나 좋아했느냐 하면 왕이 농사 짓는 소를 못 먹게 하자, 소가 병들었다고 거짓으로 둘러대고 소를 잡아먹을 정도였습니다. 오늘날 한국인이 가장 선호하는 두 가지 요리인 '쌀밥과 소고깃국'은 이렇게 완성됩니다.

몽골의 침입을 계기로 시작된 고기 문화는 한반도 식생활의 큰 변화 중 하나였습니다. 우리 음식사에서 임진왜란 이후 고추의 보급과 함께 가장 주목할 만한 변화였습니다.

홍어

피난민의 물고기, 잔치 음식이 되다

"홍어는 진달래꽃 필 무렵이 가장 맛있다."

-정약전 『자산어보』 중에서

'살아 있는 화석'이란 말이 있습니다. 이 말은 오래전에 등장한 생명체가 지금까지도 살아 있는 경우를 말합니다. 땅속 깊은 곳 딱딱한 돌덩이 '화석化石'이란 단어에 '살아 있다'라는 전혀 반대되는 수식어를 붙여 놓은 조합의 단어를 '형용모순'이라고 합니다. '소리 없는 아우성' 같은 문학적 표현도 있죠.

지상 생물 중 대표적인 것이 은행나무입니다. 암수 나무가 따로 있는 은행나무는 꽃가루로 수정하여 독특한 냄새를 풍기는 열매를 맺습니다. 지금으로부터 1억 5000만 년 전인 중생대 쥐라기에 처음 등장했습니다.

'살아 있는 화석' 홍어

바다에서의 살아 있는 화석은 상어나 가오리 같은 연골어류를 꼽을 수 있습니다. 이 멋진 생명체는 그 생김새는 물론 번식법이 매우 독특합니다. 지금으로부터 5억 년 전인 데본기에 지구상에 등장한 후 독자적으로 진화해 왔습니다. 그런데 그 양상이 현재 지구상 물고기의 대부분을 차지하는 경골어류와 사뭇 다릅니다.

먼저 생김새를 볼까요? 연골어류는 일반적인 물고기와 달리 아가미뚜껑이 없습니다. 그저 아가미 기능을 하는 구멍만 있을 뿐입니다. 또한 상어나 가오리는 부레가 아니라 몸의 지방으로 부력을 유지합니다. 그래서 이들은 쉬지 않고 움직여야 합니다.

가오리과인 홍어는 특히 수심 100미터 내외의 깊은 바다에서 헤엄치는 것을 좋아합니다. 높은 수압을 견디기 위해 혈액 속에 다량의 요소를 지니고 있는데, 이것이 죽은 다음에 암모니아로 바뀌면서 특유의 냄새를 풍기게 됩니다(상어도 그렇습니다). 특유의 향취에도 불구하고 홍어는 사람들의 사랑을 받고 있습니다. 특히 호남 일부 지역에서는 "홍어가 없으면 잔치가 아니다"라는 말까지 나올 만큼 인기가 높아요.* 그렇다면 홍어는 어떻게 잔치 음식이 됐을까요? 그 역사를 알려면 고려 말로 거슬러 올라가야 합니다.

깊은 바다에 사는 홍어는 회유성 물고기로 전라남도 먼바다에서부터 황해도까지 매년 계절에 맞춰 이동합니다. 겨울철 산란기 때는 전라남도 섬 부근에서 알을 낳습니다.

깊은 바다에서 유영을 즐기는 홍어는 연안에서 잡히는 조기와 같은 생선과 달리 비교적 수심이 깊은 바다에서 잡힙니다. 여기서부터 벌써 '귀하다'는 프리미엄이 붙는 겁니다. 얕은 바다에서 잡히는 조기도 귀하게 여겨 제사상에 올리는데 홍어는 말할 것도 없지요. 홍어는 수심이 깊은 전라남도 섬 지역에서 주로 잡힙니다. 특히 흑산도 홍어가 유명합니다. 흑산도 주변은 다른 지역에 견줘 물살이 거셉니다. 흑산도 홍어는 일반적인 홍어와 달리 철마다 회유하지 않습니다. 이 지역의 거센 물살에 적응해 적당한 근육과 몸집을 키웠기에 맛이 뛰어납니다.

---

* 경상도에서는 상어 고기를 제사상에 올립니다. 이는 상어가 바다를 대표하는 대형 어류라는 이유도 있지만 홍어처럼 체내 조직에 암모니아 성분이 있어 잘 부패하지 않기 때문이기도 합니다. 예전의 불편한 교통 사정을 감안하면 상어와 홍어가 귀한 잔치 음식 대접을 받은 이유를 추측할 수 있습니다.

특유의 냄새 탓에 홍어는 흑산도 등 호남의 섬 지역 사람 외에는 먹기 어려웠을 겁니다. 몸속의 요소가 암모니아로 변해 시간이 지날수록 고유의 냄새를 풍기기 때문입니다. 이런저런 이유로 홍어는 흑산도 주변의 섬사람들만 먹던 지역색이 강한 음식이었을 겁니다. 하지만 그 맛에 한 번 길들면 벗어날 길이 없습니다. 서양에서도 냄새가 강한 치즈가 인기가 있는 것과 비슷합니다. 삭힌 홍어는 어떤 음식보다 매력적이에요. 암모니아 성분 덕분에 균이 침투하지 않아 상하지 않기 때문에 내장도 전부 먹을 수 있습니다. 정약전 선생이 쓴 어류도감인 『자산어보』는 "홍어가 몸속의 독을 풀어 주고 장을 깨끗하게 하는 효능이 있다"고 전합니다.

육지로 진출한 홍어의 슬픈 사연

흑산도를 비롯해 섬 지역의 음식인 홍어가 육지로 진출하게 된 데에는 조금 슬픈 사연이 있습니다. 고려 말 왜구의 노략질 때문입니다. 14세기 일본 왜구들은 거의 매년 고려의 남해안 일대를 쑥대밭으로 만들었습니다. 때로 내륙 깊숙이까지 침투해 문화재를 약탈하고 사람들을 잡아갔습니다. 심지어 명나라까지 피해를 보면서 대책 마련에 나설 정도였습니다. 먼바다의 흑산도도 예외는 아니었어요.

고려는 왜구의 공격에 제대로 대처하지 못했습니다. 역사적으로 동서양 어느 나라나 왕조의 몰락은 조세 제도와 국경의 혼란으로 시작됩니다. 고대 로마나 오스만 제국처럼 거대한 나라도 그렇게 망했습니다. 중앙과 지방의 분권 통치 체제였던 고려도 마찬가지였습니다. 중앙의 행정력이 멀리 지방까지 미치지 못했고 고려 중기부터는 귀족들이 많은 토지를 소유하면서도 세금을 내지 않았어요. 각종 세금과 부역에 시달리는 백성들은 점점 고향을 등지기 시작했습니다.

이런 '유민 현상'은 고려 말 더욱 심해집니다. 나라는 재정이 부족하고 백성은 살 곳을 못 찾는 암울한 상황에서 어떻게 왜구를 토벌하겠습니까?

한편 고려 말기 대제국이던 원나라의 힘이 빠지면서 동북아 질서의 축이 격렬하게 흔들립니다. 홍건적도 이때 등장합니다. 홍건적은 중국 한족 농민들이 주축이 된 농민 반란군으로 그 이름은 머리에 붉은 수건을 둘러썼다 하여 붙여진 것입니다. 이들은 스스로를 세상이 바뀔 때 나타난다는 '미륵불'로 칭했습니다. 정부군과 대립하던 반란군은 1359년 고려를 침공합니다. 4만 명에 이르는 인원이 밀려들어 와 서경(평양)을 점령해요. 다음 해 고려군에 의해 만주로 쫓겨났다가 1361년 세를 모아 다시 쳐들어옵니다. 이때 개경까지 함락되고 말아요. 이들 중에는 명나라의 시조인 주원장도 있었다고 합니다.

위로는 홍건적, 아래로는 왜구 때문에 정신이 없던 고려 조정은 남해안 섬사람들을 뭍으로 강제 이주시킵니다. 섬을 비운다고 해서 공도空島 전략이라고 합니다. 이는 우리 민족이 외세의 침략 때 자주 사용하는 청야 전략의 하나입니다. '청야淸野'란 적의 식량이나 거주지가 될 만한 모든 것을 태워 버리고 성으로 들어가 버티며 적들을 지치게 만드는 작전입니다. 몽골 같은 유목민들을 상대하던 농경 정착민들이 주로 쓰던 전략으로, 일종의 수비 위주 작전입니다.

이는 약자가 어쩔 수 없이 쓰는 비겁한 작전이 아닙니다. 서양 역사에서는 혹독한 겨울을 무기로 사용한 러시아가 있었습니다. 러시아는 청야 작전으로 나폴레옹과 히틀러를 무찌르면서, 두 번이나 유럽을 독재자로부터 구했다는 평가를 받습니다.

흑산도를 비롯한 섬 주민들은 왜구를 피해 영산강 하구에서 가장 큰 고을인 영산포(지금의 나주)에 정착했습니다. 하지만 무기력한 고려 조정이 왜구를 토벌하기는 사실상 쉽지 않았습니다. 그렇게 몇 년이 지나자 한 계절만 피해 있으면 될 거로 생각하고 뭍으로 올라온 흑산도 주민들은 향수병이 생겼습니다. 그 마음을 달래는 데는 음식만 한 게 없습니다. 우리가 외국에 가면 시원하고 시큼한 김치나 매콤한 라면이 생각나는 것과 비슷합니다. 그래서 흑산도 주민들은 홍어를 잡아서 영산포로 가져왔습니다.

교통이 발달한 지금도 나주에서 흑산도는 한나절이 걸리는 먼 거리입니다. 그때는 더 많은 시간이 걸렸습니다. 그동안 홍어는 몸 안의 요소가 분해되면서 독특한 풍미를 띠게 됩니다. 보통 홍어가 가장 맛있어지는 시간은 숙성시킨 지 보름이 지난 뒤라고 합니다. 흑산도에서 바람을 타고 나주 영산포로 오는 시간 정도면 충분합니다.

그렇게 해서 흑산도 홍어는 호남 세도가들의 사랑을 받습니다. 생존의 문제가 해결되면 음식은 '사치'로 변합니다. 너른 논밭을 기반으로 재산을 축적한 이들에게 홍어는 매우 특별한 고급 요리가 된 것입니다.

유럽의 어린 송아지 요리도 그렇습니다. 성장한 소보다 맛이 좋아서라기보다는 '구분'을 위한 음식이에요. 즉 남들이 손쉽게 먹을 수 없는 음식이 바로 자신의 권위와 계급을 상징하는 것입니다. 이를 증명하고자 특별한 음식을 먹습니다. 이 '구분 지음'이 바로 사치스러운 요리의 목적이에요. 부자들이 고급 승용차나 값비싼 보석을 사는 것도 같은 이유입니다.

흔히 홍어는 냄새가 강해서 우리나라 사람들만 먹는다고 생각하기 쉽습니다. 하지만 영국도 프랑스도 홍어를 먹습니다. 생선튀김을 즐기는 영국에서는 홍어 튀김을 감자튀김과 함께 식초에 적셔 먹습니다. 가격도 보통 대구로 만드는 피시앤칩스보다 비쌉니다. 프랑스의 홍어 버터 조림 역시 고급 요리로 꼽힙니다. 일단 그 고약한 냄새에 익숙해지면 홍어는 자신의 지위나 취향을 나타내는 독특한 요리로 분류됩니다. "니들이 고린내를 알아"라는 식인 거죠.

고려 말, 혜성처럼 등장한 이성계

고려 백성들이 삶의 터전을 잃고 유랑 걸식하고 있을 때 혜성처럼 등장한 인물이 있습니다. 바로 이성계입니다. 이성계의 조상은 원래 전주 사람이었지만 함경도로 이주했었습니다. 원나라 속국 시절 관직에 오르기 위해 변발을 하기도 했지요. 그런 조상을 따라 이성계 역시 함경도에서 관리로 일했는데, 이때 뛰어난 무공으로 이름을 떨칩니다. 특히 그는 활을 잘 쏘는 것으로 유명했습니다.

이성계는 홍건적을 물리치고 개경을 수복하는 데 큰 역할을 했습니다. 나라를 구한 영웅이었던 셈입니다. 또 내륙 깊숙이 노략질을 하던 왜구들을 공격했는데, 이때 왼쪽 눈만 맞춰서 죽였다고 합니다. 이성계는 그래야 왜구들이 또다시 쳐들어올 마음을 먹지 않을 것으로 생각했다고 『조선왕조실록』은 기록하고 있습니다.

정말 왼쪽 눈만 맞추었는지는 알 수 없습니다. 하지만 그런 소문이 돌았다는 사실은 이성계가 여론의 힘을 제대로 알고 있었다는 점을 시사합니다. 이른바 '미디어 정치'에 능숙했던 것입니다. '이야기'는 백성들의 마음을 움직입니다. 후삼국 시대 견훤과 궁예가 서로 '살아 있는 미륵불'을 자처했던 것을 떠올리면 되겠습니다(그런데 정작 '평범한' 상인 가문 출신의 왕건이 후삼국을 통일했다는 건 아이러니합니다).

이성계의 명성은 고려를 바꿔야 한다고 생각하던 신진 사대부와

조선 태조
이성계 어진.

결합하면서 새로운 나라인 조선을 건설하는 힘이 됩니다. 정도전 등
을 비롯한 신진 사대부들은 원나라에 빌붙어 살던 권문세가의 농민
수탈이 극심하다고 보고 이들의 토지를 몰수해 농민들에게 다시 나
눠 줘야 한다고 생각했습니다.

농민을 비롯해 대부분 민중은 이들을 지지했습니다. 특히 주거 이전의 자유조차 없이 노예와 같은 삶을 살던 농민들이 이성계에게 힘을 실어 주기 시작합니다. 민심이 움직이기 시작한 것입니다.

중소 지주를 대표하는 세력인 사대부들은 중국의 성리학을 적극적으로 받아들여 새로운 세상을 열고자 했습니다. 성리학은 원래 송나라의 한족 엘리트들이 들고나온 신학문이었습니다.

하지만 정몽주를 비롯한 일부 관료들은 달랐습니다. 이들은 고려의 틀을 유지하면서도 그 안에서 충분히 개혁할 수 있다고 생각했습니다. 당연히 이성계 측과 대립할 수밖에 없었습니다. 결국 이성계의 아들 방원(후에 태종이 됨)이 자객을 보내 정몽주를 선죽교에서 살해함으로써 균형은 무너졌습니다.

이방원은 정몽주뿐 아니라 아버지의 오른팔인 정도전은 물론 자기 동생들까지 죽이며 조선의 3번째 왕인 태종이 됩니다. 조선 건국의 설계자로 불린 정도전은 공신 중의 공신이었습니다. 이런 일련의 사건은 고려 초기와 다를 것이 없는 권력의 민낯을 보여 줍니다. 이후 태종은 왕권을 강화하면서 새로운 통치 체계를 선보입니다. 강력한 왕권 중심 통치는 그의 아들 세종에 이르러 꽃을 피우지요.

그렇다면 "우리는 고려와는 다르다"라고 선언했던 유교 원리주의 국가 조선은 과연 기존의 왕국들과 달랐을까요? 조선이 그렇게 당당하게 말할 수 있었던 이유는 무엇이었을까요? 조선의 바뀐 정치로 백성 살림살이는 나아졌을까요? 조선의 밥상은 고려의 밥상과 얼마나 달라졌을까요? 이어서 살펴보겠습니다.

권은중의 청소년 한국사 특강

쌀의 나라, 이념의 나라

4부
조선 시대

쌀

한 톨의 쌀알에 조선이 담겨 있다

"법을 만든 융성함이 주나라만 한 것이 없는데,
『주례』에서는 여섯 장관을 나누어 천지와 네 계절에 맞추었으니
이 가운데 직책이 하나만 없어도 안 된다."
-『경국대전』 머리말 중에서

조선은 농민을 최우선으로 하겠다는 구호를 내세우고 의욕적으로 출발했습니다. 성리학 이론으로 무장한 신진 사대부들이 귀족과 승려들이 장악한 고려를 무너뜨리고 무장인 이성계를 옹립해서 세운 나라였지요.

개국 주도 세력이 농민을 우대했다는 점에서 그 성격이 한반도에

들어선 기존의 어떤 왕조와 다릅니다. 조선 이전까지 한반도의 왕조는 사실 지배 세력 간의 느슨한 동맹체였습니다. 마을 중심 씨족에서 부족으로 커졌고 이들이 금속 무기를 사용한 정복전을 통해 고대 국가를 성립하는 식이었지요.

성리학에 의한 성리학을 위한 성리학의 국가

우리가 생각하는 국민을 위한 국민의 국가란 개념은 절대 왕권이 강화된 근대에 등장했습니다. 프랑스와 영국처럼 산업화된 국가가 탄생하기 전후로 민족의 개념이 생겨난 것입니다. 그전까지 독일의 귀족이 영국의 왕이 되기도 하고 영국 귀족이 프랑스에 프랑스 왕족이나 귀족보다도 더 넓은 땅을 가지고 있었습니다. 민족과 국가라는 개념조차 없었던 것입니다.

거칠게 말하면, 근대 이전까지 백성은 지배 동맹에 노동과 재물을 제공하는 존재로 거주 이전의 자유가 없어 노예나 다름없었습니다. 중세 서양에서는 이를 농노라고 했는데요, 이들은 12세기 무렵 자유도시가 생기면서 도시로 나오기 시작했습니다. 도시의 시민 대표들과 직능 단체인 길드는 영주에게 돈을 주는 대신 자치와 자유를 보장받았습니다. 그래서 농노들도 도시에 오면 자유인이 될 수 있었습니다. "도시에는 자유의 냄새가 난다"라는 말은 그래서 나온 것입니다. 여기에 14세기 유럽에 퍼진 전염병 페스트는 인구 이동을 가속화했고 결국 영지와 신분제에 기초한 봉건 사회가 무너집니다.

신분제 붕괴로 농노들은 자유 계약 농민이 됩니다. 1492년 신대륙 발견과 함께 자본주의가 싹트고 상공업이 비약적으로 발전하면서 이들은 다시 임금 노동자가 되었습니다. 한편 18세기에 이르면 식민지 개척으로 부를 쌓은 유럽 각국에 절대왕정 국가가 등장합니다.

고려 시대 농민도 서양처럼 신분적 제약이 있었습니다. 아마도 중세 농노처럼 태어난 마을에서 평생 살다가 그곳에서 죽었을 것입니다. 그러다가 새로운 형태의 국가인 조선이 등장한 것입니다.

1392년 건국한 조선은 여러모로 고려보다 혁신적인 나라였습니다. "우리가 너희 농민들을 지켜줄 테니 우리를 지지해 달라"는 나름의 공약을 들고나왔습니다. 중세와 근대 사이에 이렇게 뚜렷한 건국 이념으로 세워진 국가는 1776년 영국에서 독립한 미국이나 1648년 에스파냐의 가혹한 식민통치에 맞서 독립한 네덜란드 정도밖에 없었을 것입니다(물론 두 나라 모두 독립 후 왕정이 아니라 공화정을 선택했습니다).

조선이 이처럼 선진적인 국가를 건설할 수 있었던 것은 성리학 덕분이었습니다. 조선은 한마디로 '성리학에 의한 성리학을 위한 성리학의 국가'였습니다.

성리학을 만든 사상가 주희.

성리학이란 송나라 때 주희가 만든 유교의 새로운 버전입니다. 송나라는 1279년 고려보다 먼저 몽고에 의해 망했습니다. 그런데 조선은 이미 사라진 송나라의 학문을 따르고 있었습니다. 중세 유럽이 고대의 경전인 성경의 문구에 빠져 있었듯이 말입니다.

무역 강국, 송나라에서 성리학이 싹튼 까닭은

재미있는 사실은 성리학의 본고장인 송나라는 당대 최고의 무역

대국이자 산업 강국이었다는 점입니다. 12세기 송나라의 철강 생산량은 산업 혁명 당시 영국보다 많았다고 하니 그 규모를 가늠할 만합니다. 오늘날 은행처럼 예금과 대출을 해주는 '전장錢莊'도 이때 등장했습니다. 송나라의 어음 제도는 15세기 해외 무역을 중심으로 사용되었던 베네치아의 환어음 제도와도 비슷했습니다.

그런데 베네치아의 은행과 어음제도는 네덜란드에 영향을 줘 중앙은행 제도로 발전했고 이 제도가 영국으로 가서 세계 최초의 중앙은행인 영란은행을 만드는 계기가 됩니다. 암스테르담은행과 영란은행은 중앙은행이 지급을 보증하는 오늘날과 같은 화폐(구체적으로 법정 통화, 줄여서 법화legal tender라고 합니다)를 선보였습니다. 오늘날의 달러나 유로화 같은 중앙은행이 지급을 보증하는 독점적인 화폐는 이 두 은행이 선보이기 전까지 존재하지 않던 새로운 화폐 시스템이었습니다. 그전까지 다양한 귀금속 화폐가 난립했고 이 화폐의 귀금속 함량은 제각각이었습니다. 믿을 수가 없었던 것이죠. 그래서 국가가 보증하는 화폐를 사용하던 영국과 네덜란드는 물가가 안정되고 예측 가능한 경제 시스템을 운용할 수 있었습니다. 중앙은행이 없던 이웃 에스파냐와 프랑스가 빈번하게 물가 불안은 물론 은행 부도 등 자금 흐름 자체가 위협받는 경제 위기를 겪은 것과 대조적이었습니다.

만약 송나라가 몽골에 의해 멸망하지 않았다면, 그들만의 새로운 금융 시스템이 정착되었을 것이고, 그 시스템은 송나라 경제를 획기적으로 변화시켰을지도 모릅니다. 그렇다면 송나라 사회는 유럽처럼 법률, 상업, 실용 과학 등이 중심이 되어 움직였을 것입니다. 어쩌면 송나라가 영국보다 먼저 자본주의 역사를 써내려 갔을 수도 있습니다.

그러나 안타깝게도 송나라는 이런 경제적 혁신 대신 고리타분한 철학인 성리학에 매달립니다. 1000년도 더 전에 존재했던 주나라에 목을 맨 것입니다. 그 결과는 어땠을까요? 사서삼경으로 뽑은 백면서생들이 말로만 개혁과 민생을 외치며 당파 싸움을 일삼다 몽골에 의해 멸망합니다. 화폐와 어음을 만들었지만 물가 급등으로 국가가 채무를 지불하지 못하고 어음이 휴짓조각이 되는 금융 위기도 빈번하게 일어났습니다. 송나라처럼 현실을 외면하는 잘못된 철학의 폐해를 잘 보여 주는 나라도 드뭅니다.

조선은 어땠을까요? 맨 처음에는 고려 반대로만 하면 된다고 생각한 듯합니다. 불교 대신 유교, 그리고 상업 대신 농업, 그리고 꽉 짜인 신분제 대신 느슨한 신분제 등을 생각했습니다. 그래서 조선은 모든 농민에게 땅을 주기 위해 건국 초부터 상당한 노력을 기울였습니다. 농민은 세금과 부역의 의무가 있기 때문에 이들이 유교적 국가 경영의 가장 기초라고 생각했기 때문입니다. 또한 과거에 급제한다면 농민이나 상인일지라도 관료가 될 수 있었습니다. 신분 상승의 기회가 생긴 것입니다. 그래서 조선은 고려와 달리 역동적인 부분이 있었습니다. 큰 발전이었던 셈입니다.

이는 성리학에서 비롯된 것이었습니다. 성리학은 하늘과 땅의 도리에 따라 새로운 가치를 만들어야 한다는 것을 강조했습니다. 수신제가(몸을 닦고 집안을 가지런히 한다는 뜻)한 뒤 치국평천하(나라를 다스리고 세상을 평안케 한다는 뜻)하는 것을 삶의 목표로 했습니다. 이는 주어진 운명대로 살다가 다음 생애에 반전을 기대하는 불교의 세계관과는 큰 차이가 있었습니다.

조선은 성리학적 철학을 토대로 정치 경제 제도를 획기적으로 정비했습니다. 지방에 행정력이 미치지 못했던 고려와 달리 조선은 모든 군현에 직접 수령을 파견했습니다. 그래서 지방 호족 세력은 향리鄕吏로 그 위상과 권한이 위축되었습니다.

한반도 역사에서 최초로 지방 대부분을 중앙에 편입시킨 나라가 조선입니다. 지방 세력인 호족은 부패하기 쉽습니다. 역대 왕조는 충성을 대가로 이를 용인한 측면이 있어요. 하지만 조선은 세금을 중앙에서 통제하고 지역 관료에게 녹봉을 주는 방식으로 전환했습니다.

조선은 개국 당시 지방 호족들을 강력하게 장악했습니다. 조선은 고려의 발목을 잡았던 친원 권문세족과 지방 호족을 모두 주저앉혔습니다. 조선은 역성혁명을 했기 때문에 고려에 충성을 다하던 권문세족의 땅을 대부분 몰수할 수 있었습니다.

권문세가의 토지 문서를 불태우고 땅은 농민들에게 나눠 주었습니다. 고려 때 10%였던 토지세도 최대 5%로 낮춰 줍니다. 수조권(세금을 걸을 권한)과 토지를 잃은 권문세가들은 평민과 다를 바 없었습니다.

조선은 농민에게 파격적으로 문호를 개방했습니다. 이동의 자유는 물론 과거를 볼 수 있는 권한도 줍니다. 조선 농민들은 자기 손으로 거둔 쌀로 만든 밥을 '이성계가 준 밥', 즉 '이팝'이라고 불렀습니다. 고려 시대 때는 꿈도 꿀 수 없었던 새로운 시대가 열린 셈입니다.

파격적으로 출발한 조선, 왜 흔들렸을까

그러나 안타깝게도 새 술은 새 부대에 담자는 조선의 노력은 금세 문제에 봉착합니다. 조선이 이렇게 확보한 토지를 백성들이 골고루 나눠 갖지 못했기 때문입니다. 이유는 조선이 개국하고 계속된 왕위 다툼 탓이 큽니다. 왕위를 승계하는 과정을 규정한 법이나 합리적인 기준을 정하지 못해 패망할 때까지 왕위 계승을 둘러싼 잡음에 휩싸입니다.

이성계의 셋째 아들 이방원은 형제들을 죽이고 왕위에 오릅니다. 세종의 아들 세조는 조카인 단종을 죽이고 왕이 됩니다. 이런 정치적

겨변이 반복되면 왕권을 잡는 데 협력한 '공신'이 생기고 이들에게 지급할 토지가 필요해집니다. 그럼으로써 고려가 당면했던 소수 권력자의 토지 소유 문제가 생겨났습니다. 고려 초기와 똑같은 권력 투쟁이 조선 초기에도 일어난 것입니다.

조선은 개국한 뒤 100년도 안 되어서 많은 정변이 일어나고 이 정변에 따른 논공행상으로 고려 때와 똑같이 토지 집중을 통한 권문세가가 생겨났습니다.

건국 초 토지 측량을 해 새로운 토지를 찾고 고려 기득권 세력과 사찰의 토지까지 몰수해 고려 말 50만 결이던 토지(그 가운데 60%는 고려 왕실과 사원의 땅이었습니다)를 150만 결로 무려 세 배를 늘려 놓았습니다. 하지만 조선은 금세 세수를 걷을 수 있는 토지가 포화점에 이릅니다. 이는 고려의 토지 제도였던 전시과가 보여줬던 한계를 조선이 개국 100년 만에 직면했다는 뜻입니다.

조정은 부랴부랴 건국 초부터 운용해온 토지 제도인 과전법^{科田法}을 손봅니다. 전현직 관료에게 땅을 나눠 주다가 토지가 부족해지자 현직에게만 주는 직전제로 바꾼 것입니다. 그러나 이 제도는 이미 많은 토지를 차지하고 있던 권문세가들의 반발에 부딪힙니다. 왕과 함께 다른 왕자를 죽이고 권력 실세가 된 세도가가 토지를 돌려달라는 지역 하급 관리의 이야기에 콧방귀나 뀌었을까요? 오히려 이런 이야기 하는 관리에게 행패를 부렸을 겁니다. "너, 내가 누군 줄 아느냐"

라는 말을 하면서 말입니다.

법과 왕명을 무시하는 권문세가의 행위는 성리학의 나라인 조선을 흔들게 됩니다. 권문세가들은 살인을 해도 그 죄를 추궁당하지 않을 정도로 이미 조선 초에 사회 정의는 엉망이 됩니다. 조선의 정치 현실은 이미 성리학의 가르침과는 거리가 멀었습니다.

조선은 왜 배고픈 나라가 되었을까?

조선 시대는 과거로 관료를 선출했습니다. 시험 과목은 경전과 시문이었어요. 경제·법·과학·기술 등 실용 학문은 잡학雜學으로 불리며 외면당했습니다. 예를 들어 생원과 진사를 뽑는 '소과'는 초시와 복시 두 번에 걸쳐 시험을 쳤는데 첫 시험은 경전과 시문, 두 번째 시험은 소학과 주례로만 봤습니다. 두 번째 시험에 쓰이는 책은 인간의 삶을 개혁하는 지혜를 묻는 책이 아니라 예의범절에 방점을 둔 책들이었습니다. 대개 다섯 살 때부터 공부를 시작해 스무 살에 첫 과거 시험을 볼 수 있었습니다. 수험생들은 평균적으로 서른 살쯤에 합격하는데 경쟁이 치열해 매번 고배를 마시다가 여든 살에야 겨우 합격하는 사람도 있었다고 합니다. 예의만 따지는 따분한 시험 과목과 치열한 경쟁으로 낭인을 양산하는 시스템이었던 셈입니다.

김홍도의 〈타작도〉. 벼 타작을 하는 농민들의 모습이 담겨 있다.

사람들이 과거 시험에 매달린 것은 신분 상승 욕구 때문이기도 하지만 현실적인 이유도 있었습니다. 소과에만 합격해도 모든 세금을 면제받았어요. 과거 급제가 수탈을 피해갈 방법 중 하나였던 것입니다. 게다가 그 지역에서 양반으로 유지 노릇을 할 수 있었습니다.

이렇게 조선 500년 동안 젊은이들은 공자와 맹자를 찾고 주나라 시대의 예의범절만 외워댔습니다. 새로운 생각이 싹틀 가능성이 사실상 제로였어요. 욕망을 누르고 수양을 통해 하늘의 이치를 깨닫는 것이 목표인 고리타분한 학문이 현실의 문제를 해결할 수 있을까요? 그런 학문으로 관직에 오른 사람들이 배고픈 농민에게 토지를 자유롭게 사고팔 수 있게 해야겠다는 혁신적인 생각을 할 수 있을까요?

물론 이런 모순을 해결하려는 시도가 없었던 것은 아닙니다. 대표적으로 공납(지역 특산품을 바치는 제도)을 쌀로 대신 내는 대동법, 학연이나 지연과 상관없이 인재를 고루 등용하는 탕평책 등이 있었습니다. 조선 후기에는 실생활에 도움이 되는 학문(실학)을 연구하는 학자들이 나왔습니다. 하지만 그런 움직임은 이런저런 이유로 좌절됐습니다. 실학자들 가운데 관직에 올라 그 뜻을 펼쳤던 사람은 정약용 등 소수에 불과했습니다.

조선이 중시하는 성리학은 돈을 버는 일을 천하게 여겼습니다. 고려 때 쓰던 화폐를 모두 없앴고 시장도 국가가 직접 운영했습니다. 심지어 허가없이 물건을 팔려고 나온 사람을 잡아다 곤장을 치고 감옥에 집어넣을 정도였어요. 상업 활동에 대한 각종 규제를 법전인 『경국대전』에 명시해 놓았습니다. 이러한 불필요한 간섭은 비단 상업에만 머물지 않습니다. 농사법에서도 경직된 원칙이 적용됩니다.

지금 쌀은 밭에 물을 가둔 논에서 나옵니다. 다른 식물은 물에 들어가면 썩는데 벼는 특이하게도 잘 자랍니다. 습기가 많은 열대 지방이 원사지인 탓입니다. 그래서 다른 나라 농민들은 일단 볍씨 싹을 틔운 다음 논에 옮겨 심는 모내기(이양법)를 합니다.

이런 방식은 중국 당나라 때 생겨났다가 송나라 때 정착됐습니다. 당연히 우리나라도 이미 고려 시대에 모내기의 존재를 알고 있었습니다. 하지만 도입된 것은 조선 후기였어요. 조선 초까지도 법으로 금지했습니다. 이유가 뭘까요?

모내기는 생산성을 높이지만 가뭄에는 속수무책입니다. 그러니 제때 물을 대지 못하면 한해 농사를 완전히 망칠 수 있다고 생각했기 때문입니다. 그래서 모내기가 법적으로 허가된 것은 조선 후기인 숙종 때이고 전국적으로 퍼진 것은 영조 때였습니다. 숙종 이전까지 조선의 쌀은 대부분 보리나 옥수수처럼 밭에서 길렀습니다.

그러나 농민들은 모내기를 선호했습니다. 모내기를 하면 농사일의 70~80%를 차지하는 김매기(잡초 뽑기)를 하지 않아도 됩니다. 생산량이 많아지고 지력 감소도 없어 벼 재배에 이어 보리를 키우는 이모작을 할 수 있었습니다. 모내기 전까지 다른 작물을 키울 수도 있었어요. 농민으로서는 마다할 이유가 없는 것이죠.

조선 조정은 농민의 땅을 지켜 주지 못하면서 농사법도 생산이 적은 방식을 강제합니다. 군역과 세금의 의무도 땅을 가지고 노는 양반이 아니라 농민에게만 부과했습니다. 그나마 조선 전기 백성을 위하는 것이 군자의 도리 운운하며 점잖은 척하던 사대부들은 조선 중기를 지나면서 농민의 땅을 빼앗으려는 지역 토호로 변신합니다. 견제 받지 않은 토호들은 신라 때의 호족이나 고려 때의 문벌 귀족과 똑같이 백성들을 괴롭혔습니다. 한마디로 조선은 쌀을 최우선이라고 말하면서도 실제로는 쌀의 생산을 억압하는 이중적 태도를 취했던 것입니다.

그렇지만 조선도 백성들이 살기 좋은 시절이 있었습니다. 세종대왕과 영·정조 때였습니다. 세종은 백성들에게 설문 조사를 해서 세금 제도를 손볼 정도로 애민 사상이 투철한 임금이었습니다. 노비들에게 출산 휴가를 주고 원나라 때 시작되어 명나라 때까지 계속되었던 처녀 조공을 없앤 혁신적인 임금입니다. 한글을 만들어 백성들 누구나 읽고 쓰게 하면서 근대적 사고의 가능성을 열었습니다. 조선 후기 영조는 탕평책을 써서 인재를 고루 등용하고 모내기를 권장한 임금이었습니다. 정조는 왕실과 지배층의 돈줄 노릇을 하던 시전 상인의 독점을 철폐하고 경강상인 등 새로운 상공인들을 후원했습니다.

성리학에 빠져 있던 조선도 혁신과 변혁을 통해 성장할 수 있었습니다. 이런 일이 계속되었다면 조선은 이성계가 약속했던 '이팝'(이씨의 밥)을 배불리 먹었던 부강한 나라로 역사에 기록되었을 거예요. 그랬다면 훗날 일제의 식민지가 되었다가 남북이 분단되는 아픔을 겪지는 않았을지도 모릅니다.

인삼

고려의 눈물, 조선의 보물이 되다

> "중국인과 만주인은 상상할 수 없을 정도로 인삼에 가치를 둔다.
> 만약 인삼이 효능을 늘 발휘하지 않았다면 이런 일은 없었을 것이다."
>
> -피에르 자르투*

인삼은 원조 한류 상품입니다. 중국·일본은 물론 유럽에서도 귀하게 여기는 대체 불가능한 약재로 한반도와 만주 일대에서만 구할 수 있었습니다.

---

* 프랑스 예수회 신부, 1713년 만주 지도 제작을 위해 중국으로 갔다가 인삼을 접하고 이를 프랑스 학계에 보고했는데, 이는 인삼에 대한 서양인의 첫 기록이었습니다.

여러분은 아마 인삼을 흔하게 생각할 수 있습니다. 그렇게 된 데는 대규모 재배가 가능해졌기 때문이에요. 하지만 원래부터 그랬던 것은 아닙니다. 인삼은 조선 시대까지 '천삼'으로 불리던 산삼의 후손입니다. 산에서 자라는 산삼의 씨앗을 집 근처의 밭에 뿌려 키운 것이 인삼입니다. 그렇다면 누가 이런 생각을 처음으로 했을까요? 첩첩산중에 있던 산삼을 집 주변의 밭으로 옮긴 사람들, 바로 고려의 후손인 개성 사람들이었습니다.

인삼, 최초의 한류 상품

무역을 권장했던 나라, 고려의 최고 수출품은 도자기와 종이였습니다. 그때까지만 해도 인삼은 주요 상품이 아니었습니다. 이유는 간단합니다. 구하기가 어려웠기 때문이에요. 수출할 만큼 많은 물량을 생산할 수가 없었습니다.

앞서 말씀드렸듯, 고려 때만 해도 삼은 산속 깊은 곳에서나 캘 수 있었습니다. 사람이 키우는 '인삼人蔘'이 아니라 하늘이 내주는 '천종天種'이었죠. 그러던 삼이 임진왜란 이후 조선 최고의 수출품이 됩니다.

인삼에 대한 최초 기록은 2000년 전 중국 한나라 때로 거슬러 올라갑니다. 그만큼 예로부터 인삼의 약효에 관심이 많았습니다. 독성

『임원경제지』
ⓒ경상북도산림과학박물관

이 없는 데다 여러 병에 효과가 있다는 것이 알려지면서 그 수요가 증가해요. 현대 분자 과학은 인삼의 사포닌 성분 등이 면역력 강화에 효과가 뛰어나다는 점을 증명합니다.

조선 시대 실학자 서유구가 편찬한 백과사전 『임원경제지』에 의하면 인삼은 '신의 약초'로 불렸다고 합니다. 또한 '땅의 정수'가 모였다는 뜻의 '지정地精'이라고도 했습니다. 지금도 오래 자란 자연산 산삼은 부르는 게 값일 정도로 귀하게 대접받습니다.

인삼의 효능은 학명에도 드러납니다. 공식 학명이 'panax ginseng'으로 러시아 학자 칼 안톤 폰 메이어가 1843년 세계 식물학회에 등록했습니다. 파낙스panax는 그리스어로 '모든 것'을 뜻하는 'pan'과

'의약'을 뜻하는 'axos'가 결합된 말입니다. 우리말로 해석하면 '만병통치약'이라는 뜻입니다. 서양학자가 이런 이름을 붙일 정도로 약효가 널리 알려진 것입니다.

조선 말기에 편찬된 『증보문헌비고』에는 "전라도 동복현(지금의 화순군)에 사는 여자가 산신山神의 계시로 종자를 얻어" 인삼 재배를 시작했다는 기록이 전해 옵니다. 또 조선 시대 전라도 진안 지역에서 고려 도인 일곱 명이 숨어 살면서 인삼을 키웠다는 전설도 있습니다. 기록에 보면 1724년 개경 사람 박유철 등이 해를 가리는 농사법을 개발해 인삼을 대량으로 재배하는 데 성공했다고 합니다.

천삼을 인삼으로 만든 고려 사람들

조선 중기에 인삼 진상이 극심해지자 누군가 인삼 씨앗을 몰래 밭에서 키워 나라에 바치면서 재배가 시작되었다는 이야기도 있습니다. 이를 '가삼家蔘'이라고 했는데 천삼에 견줘 효용이 떨어져 처음에는 금지되었습니다. 하지만 무분별한 채취로 천삼이 자취를 감추면서 조정은 가삼 재배를 허용했습니다.

인삼을 최초로 누가 어떻게 키웠는지 정확한 기록은 없지만 개성상인과 밀접한 연관이 있는 것은 확실해 보입니다. 개성상인들은 토지와 기술을 대면서 인삼 재배를 늘렸고 정부는 이들에게 독점권을 주었습니다. 이렇게라도 해서 물량을 공급받아 국제적 히트 상품인 인삼을 중국과 일본에 팔아야 했기 때문입니다.

그런데 산삼을 밭에서 재배하기 시작한 데는 조선의 '고려 지우기' 탓도 있습니다. 조선은 새 왕조를 출범시키면서 고려 왕족을 탄압했습니다. 위화도 회군 뒤 권력을 잡고 오랜 기간 조직적으로 고려 왕족을 숙청했어요. 고려 잔존 세력의 반란을 우려해 왕족이던 왕씨를 강화도와 거제도로 강제 이주시킵니다. 그러다 박위 등 개국공신 일부가 이들과 접촉해 역모를 꾀했다는 이유로 모든 왕씨를 죽이려고 합니다.

몇 년간 전국을 뒤져 왕씨를 찾아내 살해하는 집요함을 보였습니다. 왕위를 내주고 강원도 삼척에서 살던 공양왕 역시 아들들과 함께 살해되었습니다. 이성계는 이 일이 신하들 탓이라고 변명했지만 그의 묵인하에 이루어진 정치적 기획이었으리라는 추측이 가능합니다.

조선의 집요하고 잔인한 고려 지우기 만행을 피해 고려 왕족들은 산으로 섬으로 도망쳤습니다. 한편 먹고살려면 일을 해야 했지요. 그들이 선택한 것은 상업이었습니다. 원래 개성상인은 고려 때부터 있었지만 개성 출신들은 조선에서 관직에 오르기 어려웠습니다. 그래서 많은 개성 출신들이 자의 반 타의 반으로 상업에 종사하게 되었습니다. 이 과정에서 이들은 인삼을 눈여겨보고 인공 재배를 시작했을 것으로 추정됩니다. 그러니 인삼에는 몰락한 고려 왕가의 피눈물이 담겨 있는 셈입니다.

새로운 왕조가 들어섰다고 해서 기존 집권 세력을 숙청하는 일은 우리나라 역사에서 흔치 않습니다. 오히려 회유하거나 포섭했어요. 고려만 해도 신라 왕족은 물론이고 후백제, 발해 유민까지 받아들였습니다. 신라도 가야 왕족들을 받아들여 삼국 통일의 기반을 닦았습니다. 따라서 고려 지배층에 대한 조선의 무자비한 숙청은 매우 이례적인 일이었습니다.

'사랑'을 강조하는 서양의 기독교도 비슷한 일을 했습니다. 성지 탈환을 명분으로 내세웠던 십자군 전쟁은 이를 잘 보여 줍니다. 이때 유럽인들이 아랍 땅에서 자행한 학살극은 광적이기까지 했습니다. 유럽인들이 쓴 역사책에서조차 '성전'이 아닌 '야만'으로 기록할 정도였습니다.

학자들은 십자군 전쟁이 사실은 지중해 무역권을 노린 전쟁이었다고 설명하기도 합니다. 경제적 동기가 있었다는 거예요. 그러나 결과는 정반대였습니다. 전쟁으로 인해 분열됐던 아랍 세력이 단결했고, 이렇게 세워진 오스만 제국 손에 1453년 동로마 제국이 멸망합니다.

16세기 유럽의 아메리카 정복도 그렇습니다. 아메리카에 도착한 에스파냐 군인들은 잉카 선주민을 학살하면서도 "하느님"을 외쳤습니다. 잉카와 아즈텍 문명은 철저히 파괴되었고 선주민을 다스리던 왕은 악마로 몰려 화형당했습니다. 유럽 선교사들은 그들의 궁전과 신전에 교회를 세웠습니다. 만행은 여기서 그치지 않습니다. 선주민이 너무 많이 죽어 일할 사람이 없자, 아프리카에서 흑인들을 끌고와 노예로 부렸습니다. 인류 역사상 가장 슬프고 참혹한 비인간적 행위였습니다. 근대 노예제 역사에서 기독교가 져야 할 책임은 결코 가볍지 않습니다.

산으로 간 고려인들, 조선의 돈줄이 되다

조선의 고려 왕씨 탄압은 외교적으로도 문제가 되었습니다. 명나라는 역성혁명을 한 이성계를 왕으로 승인해 주지 않았습니다. 명나라 법전 『대명회전』은 이성계가 네 명의 고려 왕을 죽이고 왕권을 잡았다고 기록해 놓았습니다. 이성계와 그 측근들이 "공민왕은 동성애자였고 공양왕은 왕의 자식이 아니라 승려인 신돈의 사생아였다"고 항변했지만 명나라는 이성계에 대한 비판적 입장을 고수했습니다.

이성계의 후손인 조선 왕들은 이 기록을 고치려고 무던히 공을 들였습니다. 마침내 1588년 선조 때에야 그 뜻을 이룰 수 있었습니다.

해당 기록을 고친 『대명회전』 수정본이 도착한 날 선조는 오늘날 서울 독립문 자리에 있던 모화관('중국을 흠모하는 집'이란 뜻으로 중국 사신을 맞던 곳)으로 가서 직접 책을 받아 왔다는 기록이 있습니다.

중국이 이성계에 대해 뭐라고 쓰든 무슨 상관이냐고 할 수도 있겠지만 당시 조선은 중국 황제에게 책봉을 받고 조공을 바치는 '번국藩國'이었습니다. 법적인 구속은 없었지만 의례상 조선은 유교를 신봉하는 중국의 사대국이었습니다. 그러니 새로 들어선 왕조인 조선이 중국에게 인정을 받느냐 그러지 못하느냐는 매우 중요한 문제였어요. 거기에 조선은 중국과 주변 관계를 사대 관계로 규정한 주나라 예법을 극진하게 따르고 있던 유교 원리주의 국가였습니다.

실제 주나라 때 제후들의 책봉서를 보면 '봉천고명奉天誥命'이라 쓰여 있었습니다. "하늘을 받들어 명을 알린다"는 뜻입니다. 이 말에서 알 수 있듯이 주나라에서는 자신이 우주의 중심이고 다른 나라 왕은 주변이라고 생각했습니다. 그러니 주나라 예법을 행동의 기본으로 삼던 조선의 지배층은 조선을 건국한 이성계가 반역으로 권력을 잡은 대역죄인으로 기록된 명나라 법전을 반드시 고쳐야 한다고 생각했던 것입니다.

조선의 박해를 피해 산으로 숨어든 고려인들이 만든 인삼은 문약하고 국제 정세에 둔감했던 조선의 목숨을 유지하는 동아줄 노릇을 했습니다. 상업과 무역을 천시했던 조선의 양반들이 비싼 중국 비단으로 옷을 깃고 멀리 인두에서 건너온 상아로 만든 호패를 차고, 아프가니스탄에서만 채굴되는 청금석으로 만든 귀한 파란색 물감으로 왕의 초상을 그린 일은 인삼이 아니었으면 불가능했습니다. 인삼 무역으로 벌어들인 돈으로 비단과 상아, 청금석을 수입했으니까요.

상공업을 천시했던 조선은 주변국에 팔 물건이 변변치 않았던 산업 후진국이었습니다. 그나마 자신보다 더 후진국이던 일본에 면포, 종이, 도자기 등을 팔아 중국에서 사용되는 화폐인 은을 구할 수 있었습니다. 하지만 산업 생산력이 앞서는 중국에는 팔 것이 많지 않았습니다.

다만 인삼만큼은 오늘날 휴대폰이나 자동차처럼 인기가 높았습니다. 일본 에도 시대 기록에 국가 재정 절반을 조선 인삼 구입에 썼다며 우려하는 간언이 있을 정도였습니다. 중국도 조선 인삼 구입에 많은 돈을 썼습니다. 약효가 좋아 인기가 좋은 탓에 일본은 조선에서 사간 인삼을 유럽에 수출하기까지 했습니다.

조선이 유학이 아니라 조금만 실리에 밝았다면 인삼이라는 상품을 활용해 상공업적 기반을 닦았을 것입니다. 그랬다면 서양 제국처럼 식민지 수탈 없이도 부를 일구었을지도 모릅니다. 또 근대화에도 뒤지지 않고 일본보다 먼저 화승총과 서양식 대포로 무장했을 수도 있었을 것입니다. 20세기 이전 사실상 방치된 땅인 만주와 러시아 국경 인근 지역도 조선이 먼저 개척할 수 있었을지도 모릅니다. 결과적으

고려삼업사에서 개성 특산 태극표太極票 인삼을 광고하기 위해
제작한 전단지(1932년). ⓒ국립민속박물관

로 지금과 전혀 다른 대한민국의 역사가 펼쳐졌을 수도 있습니다.

　그렇지만 안타깝게도 조선은 그러지 못했습니다. 조선 조정은 국
내 상업 행위뿐 아니라 중국, 일본과의 해외 무역도 간섭했습니다.
관청의 허가를 받지 않고 해외에 갔다 오면 사형이었습니다. 조선 전

기까지는 중국과의 유일한 무역 통로는 사신들의 조공 무역이 전부였습니다. 따라서 조선의 유일한 국제 무역 상인이기도 했던 조선 사신들이 중국에 가져가는 최고의 상품은 인삼이었습니다. 인삼을 팔아 책과 향신료, 비단 등을 사 왔습니다. 조공 무역은 큰 이익을 보장했기 때문에 조선 관리들이 앞다투어 사신으로 지원했습니다. 유교적 이상을 들먹이며 상업에 반대하던 사대부들이 정작 중국에 인삼 보따리 장사를 하러 앞다퉈 가려고 애를 썼던 것입니다.

③

갈대

흔들리는 조선 사대부의 양심

"산과 숲, 강과 연못은 백성들과 함께 공유한다."*

-『맹자』중에서

임진왜란(1592~98)은 조선이 피하기 어려운 전쟁이었습니다. 1590년 일본은 2세기 동안 이어진 지루한 내전을 마치고 통일이 됐습니다. 통일 후 일본은 내부의 불만을 외부로 돌려야 했습니다. 일

---

* 한자로는 산림천택 여민공지山林川澤 與民共之라고 합니다. 농경지를 제외한 땅을 공유지로 한다는 뜻입니다.

본을 통일한 도요토미 히데요시는 중국을 정복할 야망이 있었다지만 실제 목표는 조선이었을 것입니다. 조선도 이 상황을 어느 정도는 알고 있었습니다. 하지만 일본의 전쟁 능력은 충분히 알지 못했습니다.

조선이 문文의 나라였다면 일본은 무武의 나라였습니다. 일본은 16세기 말 이전까지 강력한 중앙 통치를 이루지 못하고 여러 세력으로 나뉘어 있었습니다. 각 지역은 서로 끊임없이 충돌하고 전쟁을 벌였습니다. 당연히 문보다 무를 숭상할 수밖에 없었습니다.

임진왜란, 조선의 민낯을 보여줘

그런데 서양의 소총이 일본에 도입되면서 비슷비슷한 수준의 전투력을 보이던 일본 전국 시대의 양태가 바뀌기 시작했습니다. 원래 서양에서 소총은 창과 병행해서 쓰던 보조 화기의 성격이 강했습니다. 일본인들은 세계 최초로 수천 명으로 구성된 독자적인 소총 소대를 운영해 살상력을 극대화했습니다. 그 정도로 일본은 소총을 이용한 전쟁에 능수능란한 나라였습니다. 처음으로 대규모 소총 부대(일본명 '철포 부대')를 운용한 쪽은 오다 노부나가였습니다. 그는 철포 부대로 경쟁자들의 핵심 병력인 기마 부대를 궤멸시켰습니다. 기마병에 의존하는 구시대적 전쟁이 총포의 등장으로 종말을 고한 셈입니다. 일본을 통일하고 조선 침략을 주도했던 도요토미 히데요시는 오다 노부나가의 부하 중 한 명이었습니다.

하지만 조선은 일본을 가볍게 봤습니다. 일본군에 대한 정보가 없는 상태에서 주력군인 기병을 보냈습니다. 그것도 피할 곳 없는 충청도 충주 벌판으로 말입니다. 결국 조선군은 일본 주력군에게 대패해 수도인 한양을 손쉽게 내주었습니다.

정보 부족, 실력 부족인 상황에서 판단력마저 부족했습니다. 조선은 일본과 끝까지 싸웠지만 그 이유가 백성 때문이 아니었습니다. 일본이 '아버지의 나라'인 명나라를 쳐들어간다는데 어떻게 길을 터주느냐는 것이었습니다. 중국인들이 들으면 감읍할 만하지만 왜란으로 죽거나 다친 백성들에게는 참 답답한 소리였을 겁니다.

물론 명나라가 20만 명이나 되는 대군을 조선에 파병한 것은 사실입니다. 하지만 처음에는 압록강까지 왜군이 조선을 유린하는 것을 지켜보자고 했습니다. 이적(夷狄·오랑캐)들이 서로 싸우는데 대국이 왜 끼어드느냐는 논리였습니다.

심지어 전쟁 중에 조선 반도를 분할하자는 제안을 일본 측에 합니다. 최초의 분단 아이디어가 1945년 8·15 광복 때 미국과 소련이 아니라 한참 전인 임진왜란 때 명나라에서 나온 것이지요. 그런 비정한 나라를 극진히 아버지로 모신 사람들이 조선의 집권층이었습니

〈부산진순절도〉. 임진왜란 당시 부산진에서 왜군과의 전투 장면.

다. 만약 일본이 명나라의 제안을 수용했다면 어떻게 되었을까요? 역사에 가정은 없다고 하지만 생각만 해도 참 아찔합니다.

반란죄로 처벌된 임꺽정

임진왜란 이후 조선은 위기를 맞습니다. 고려 시대 50만 결에 그쳤던 토지를 열심히 늘려 150만 결을 만들었지만 임진왜란 이후 전국의 토지가 30만 결로 축소되었습니다. 조선의 인구 역시 임진왜란 등의 전쟁으로 급격하게 줄어든 것으로 추산됩니다. 농업을 우선으로 삼았던 조선에서 인구가 줄고 토지가 감소했다는 것은 큰 위기였습니다.

하지만 조선의 위기는 임진왜란 전부터 시작되고 있었습니다. 연산군 시절부터 이어진 각종 사화士禍가 그것입니다. 정치적 내분은 혼란을 불러오고 백성의 삶은 피폐해집니다. 임진왜란이 있기 50여 년 전, 마침내 임꺽정 같은 의적이 나타납니다. 그런데 혹시 임꺽정은 조정에 의해 반란죄로 처벌되었다는 사실을 알고 있나요? 도적에게 반란죄라뇨?

명종 때 임꺽정은 의적을 자처했습니다. 자신들이 빼앗은 관아와 양반들의 재물을 가난한 자에게 나눠 줬기 때문입니다. 온갖 세금을 핑계로 백성들의 고혈을 빼먹으려는 조선의 왕족과 양반 그리고 지방 호족들과는 완전히 다른 행동을 한 것입니다. 농민을 위한 나라를 건설하겠다며 건국한 지 200년도 안 돼 조선은 조정이 하지 못한 일을 도적이 하겠다고 나서는, 사실상 국정 혼란 상태에 빠진 것입니다.

조선의 위기는 기득권이 너무나 강력했지만 개혁 세력이 이를 충분히 견제하며 새로운 기회를 만들지 못한 정치 상황 탓입니다. 조선의 위기는 좁은 국토에서 난 적은 생산물을 어떻게든 독점하려는 기득권 세력 탓에 시작되었습니다. 거기다 조선의 법 제도는 이들의 탈법과 위법을 권문세가라는 이유로 용인하는 식으로 흘러왔습니다. 그 시발점을 세종대왕의 셋째 아들 수양대군의 쿠데타(계유정란)로 꼽는 시각이 많습니다.

1453년 세종대왕의 셋째 아들이던 수양대군은 정변으로 왕위를 찬탈합니다. 세조로 등극한 후에는 자기를 도운 공신들에게 토지를 나누어 주었습니다. 그는 선왕이 토지 개혁으로 새 나라를 열었다는 점을 망각했습니다. 많은 토지를 하사받은 훈구파들은 계속해서 땅 욕심을 내기 시작합니다.

공신전 등이 집중된 서울·경기 지역뿐만 아니라 전국으로 손을 뻗쳐요. 유향소留鄕所 같은 지방 자치 행정 기관에까지 사람을 심으면서 자신들의 땅 욕심을 충족시켰습니다. 유향소란 지역 유지들로 구성되어 수령을 보좌하는 모임을 말합니다. 게다가 훈구 대신을 견제해야 할 선비들도 세조 이후 중앙에 진출하면서 지방의 유력자가 됐고 그들 역시 훈구파처럼 토지를 늘리기 시작했습니다.

문제는 이렇게 토지가 소수에 집중되면서 세금을 걷을 토지가 줄어들었다는 점입니다. 조선 시대 양반들은 세금을 내지 않는 면세자였습니다. 당연히 그들이 가진 땅에 대해 토지세를 낼 필요가 없었습니다. 당연히 중앙의 세수가 줄어듭니다.

어느 나라나 국가의 재정은 해마다 늘게 마련이고, 부족분은 어디서든 충당해야 합니다. 그 대상은 납세 의무가 있는 일반 백성이었습니다. 하지만 땅 없는 백성들에게 토지세를 거두기란 어려운 일이었습니다. 또 세종대왕의 노력으로 백성들의 세 부담이 줄어든 상태였어요.

세종은 과거의 비합리적인 토지 세제를 고치기 위해 세계 최초로 여론 조사를 하기도 했습니다. 그것도 무려 20만 가구를 대상으로 설문 조사를 통해 토지 세금 제도를 바꿨습니다. 바뀔 세금 제도에 대해 설명하고 찬성 여부를 물어보는 식이었습니다. 60% 가깝게 찬성을 한다는 결과를 확인한 후에야 새로운 제도를 도입합니다. 우리나라 최초로 노비들에게 파격적인 산후 휴가를 준 왕도 세종대왕입니다. 무려 1년을 주라고 했습니다. 심지어 여자 종뿐 아니라 남자 종에게도 출산 휴가를 주었습니다. 대한민국이 아버지들에게 출산 휴가를 주기 시작한 것이 2010년쯤이라는 것을 생각한다면 세종대왕은 수백 년 뒤 국민들이 선거로 뽑은 대한민국 정치인들보다 앞서간 왕이었습니다.

세종대왕 이전에 노비들의 산후 휴가는 단 사흘이었다고 합니다. 그렇지만 세종대왕이 만든 산휴 제도는 세종이 승하한 뒤 다시 줄었다고 합니다. 조선의 사회 문화 제도는 어진 임금이 나와야만 제대로 작동하는 불완전한 제도였습니다.

세종대왕 같은 뛰어난 군주가 몇 명만 있었어도 조선의 역사는 완전히 달라졌을 것이라는 생각은 저만 하는 게 아닐 겁니다. 그러나 그런 일은 자주 일어나지 않았습니다. 모든 사람이 자신을 떠받들고 권력으로 모든 욕망을 실현할 수 있는 환경에서 예의 바르고 반듯하게 자라는 것은 어쩌면 개천에서 용이 나는 것보다 어려울지도 모릅니다.

거기에다 어진 왕은 기득권 세력의 입장에서 보면 불편하기 짝이 없는 존재였습니다. 자신들의 것을 빼앗아 백성에 나눠 주려고 하기 때문입니다. 결국 중요한 것은 왕 한 사람의 성품이 아닌 백성을 위한 개혁 정책을 이끌어 낼 수 있는 정치 시스템입니다.

근대 역사가 이를 잘 보여 줍니다. 절대 왕권의 나라 에스파냐나 중국을 제치고 영국과 네덜란드 같은 나라가 부상한 것은 똑똑한 왕이 아니라 권력의 합리적인 운영 덕분이었습니다. 두 나라의 정치 시스템은 왕이 아니라 의회가 국가 운영을 결정하는 입헌 군주제였습니다.

옛 유교 경전을 중시했던 성리학은 왕도를 외칠 뿐 권력 분립이나 민생 강화 같은 국가 운영의 핵심에서 뾰족한 대안을 내놓지 못했습니다.

땅투기에 나선 권문세가들

조선의 성리학은 혁신적인 측면이 부족했습니다. 기존 체제인 고려와 불교에 대한 비판은 가능했지만 새로운 정치·경제·사회 시스템을 만들어 내는 데에는 뚜렷한 한계를 보였습니다. 특히 실용보다는 유교적 이상을 앞세우는 정치 시스템이 문제였습니다. 특히 왕권이 약할 경우 이런 약점이 두드러졌습니다. 단순히 정치뿐 아니라 조선 전체의 시스템이 흔들렸습니다. 이런 위기는 15세기 말 연산군 때부터 시작되었지만 그 정점을 찍은 것은 16세기 초 명종 때부터였습니다.

정치 시스템의 마비는 합리적 비판의 소멸에서 시작했습니다. 1544년 인종이 즉위 9개월 만에 돌연 죽고 어린 명종이 왕위에 오르자 어머니인 문정왕후(중종의 계비)가 수렴청정을 합니다. 수렴청정이란 왕이 어리니까 왕의 어머니나 아버지가 대신 정치를 하는 것을 말합니다. 물론 당시에는 합법적인 행위였습니다. 문정왕후가 서열 상 궁궐에서 가장 높은 사람이었으니까요.

그런데 문정왕후는 섭정을 하면서 권문세가인 자기 가문 사람들을 대거 중용합니다. 그리고 정적들을 가차 없이 숙청해요. 연산군과 중종 때에 이어 많은 신료와 선비들이 죽습니다. 1545년 벌어진 을사사화가 명종 때 일어난 것도 이런 이유에서입니다.

이전에도 훈구-사림들의 다툼은 있었고 이것이 사화로 이어지기는 했지만 그래도 두 세력이 명분을 내세우며 견제를 했습니다. 그런데 이 시기부터는 문정왕후의 가족들이 중심이 된 윤씨 가문이 아무런 견제도 없이 이권을 독식합니다. 중앙이 이러니 지방은 더 했겠지요. 하급 관리인 향리(아전)들의 수탈이 극심해집니다(탐관오리의 수탈은 조선 후기에 가장 심했는데, 이때에도 왕의 외척들이 벌인 세도정치 때문이었습니다).

조선 전기에는 특산물을 진상하는 방납의 피해가 가장 컸습니다. 진상해야 하는 전복 한 개에 쌀 한 말이지만, 향리들은 백성에게 쌀 열 말을 요구했습니다. 하위 관리가 부르는 값이 곧 세금이었던 셈입니다. 향리가 이렇게 설친 것은 마음껏 수탈해도 누구도 자신을 처벌할 수 없다는 것을 본능적으로 알았기 때문입니다. 윗물이 흐리니 아랫물이 맑을 리가 없었던 것입니다.

결국 백성들은 고향을 버리고 산으로 도망쳐 버립니다. 곳곳에서 봉기도 일어나요. 황해도에서는 이렇게는 못 살겠다며 관가를 습격하자는 대담한 사람들이 나타납니다. 요즘으로 말하면 반정부 무장 봉기쯤 되지요. 그 주인공이 임꺽정이었습니다. 이 대담한 도둑은 지역 관아는 물론이고 한양까지 출몰해 지배층의 간담을 서늘하게 만들었습니다.

임꺽정은 특이한 인물입니다. 우리나라 역사에서 이런 간 큰 도적은 전무후무해요. 소설상에 존재하는 홍길동을 제외하면 말입니다. 그런데 이런 인물이 왜 황해도에서 나왔을까요?

황해도는 당시 수탈이 매우 심했던 지역 중 하나였습니다. 경기도는 과전법(양반에게 녹봉을 땅으로 주던 방식) 때문에 대부분의 땅이 양반 소유였습니다. 이미 임자가 있었던 탓에 권문세가들은 다른 지역으로 눈을 돌렸습니다. 그들이 주목한 곳이 바로 황해도였습니다. 황해도는 지리적인 장점이 있었습니다. 북쪽이긴 하지만 평야가 넓어 농사짓기에 좋아 물산이 풍부했고, 추수한 곡식을 뱃길로 한양까지 수월하게 옮길 수 있었습니다. 특히 황해도 황주는 조선에서 가장 풍족한 고을로 꼽혔습니다. 이곳은 중국으로 가는 사신들의 공식 출발지로 요즘의 인천공항 같은 역할을 했던 곳입니다. 새로운 문물이 들어오던 곳이었습니다.

이런저런 이유로 권문세가들은 황해도 땅을 앞다퉈 사들였습니다. 그러자 그곳에서 농사짓고 살던 백성들은 삶의 터전을 잃게 돼요. 요즘으로 치면 부동산 광풍으로 살던 곳에서 쫓겨나는 경우에 해당한다고 할까요? 황해도 주민들의 삶은 그만큼 팍팍해집니다.

온갖 악행을 해도 왕은 왕?

이런 투기를 주도한 사람들 가운데는 왕족도 있었습니다. "왕이 하늘이고 하늘을 대신해 백성들을 위해 나라를 다스린다"는 천명사상을 왕실이 까맣게 잊어버린 것일까요? 그들은 심지어 백성들이 공동소유했던 갈대밭까지 빼앗았습니다. 갈대는 빗자루나 도롱이 등 각종 생활용품을 만드는 데 쓰였습니다. 백성 입장에서는 갈대는 곡식과 바꿀 수 있는 고마운 작물이었습니다. 심지어 벼과 식물이기에 먹을 수도 있었습니다. 즉 땅을 빼앗긴 백성들에게 갈대는 굶어 죽지 않게 하는 마지막 보루였던 것입니다. 1559년부터 무려 3년간 조선 조정을 벌벌 떨게 했던 임꺽정도 이 갈대나 버드나무 가지를 이용해 공예품을 만들던 사람이었습니다. 조선 시대에는 이런 직업을 가진 사람을 고리백정이라며 천시했습니다.

『경국대전』은 산과 강 그리고 갯벌과 바다를 공공의 것으로 규정했습니다. 하지만 이를 지켜야 할 왕족들이 바닷가의 갈대밭을 사유

화한 후 이를 간척해서 논밭으로 만들었습니다.

앞에서도 설명했지만 갯벌이나 습지에서 나오는 수산물과 소금의 가치는 곡식보다 더 큽니다. 산업이 발달하지 않았던 조선 시대에는 더욱 그랬을 것입니다. 그래서 법으로 갯벌을 주민 공동으로 쓰도록 했습니다. 소금이라도 있어야 나물죽을 끓여 먹으며 목숨을 유지할 수 있으니까요.

조선은 이런 땅을 고려 때처럼 권문세가가 독점하는 병폐를 막으려고 갯벌이나 강이 공유지라는 점을 『경국대전』을 통해 못 박은 것입니다. 하지만 조선 후기까지 거의 모든 갯벌의 이용은 왕가를 비롯해 양반 세도가들로 집중되었습니다. 즉 공유지를 빼앗은 왕족과 세

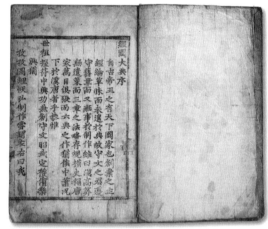

경국대전 1권 표지와 본문. ⓒ국립민속박물관

도가들은 국법을 위반한 범죄자였던 셈입니다.

사정이 이렇게 되자, 왕족을 포함한 권문세가의 황해도 땅 투기와 관련해 수많은 상소가 올라왔지만 명종은 눈 하나 꿈쩍하지 않았습니다. 황해도 지역에서 임꺽정이 등장한 데는 권문세가의 수탈에 대한 분노는 물론이고 이를 모른 체한 왕에 대한 원망도 있었을 겁니다.

정사에 기록되지는 않았지만 아마 백성들은 임꺽정을 지지했을 것입니다. 관아를 습격하고 지주의 집을 털어 가난한 사람들에게 나눠주었다는 소문이 돌았기 때문입니다. 민심은 그렇게 움직이는 것입니다. 차라리 임꺽정 같은 의적이 모여 조선을 개혁하거나 좀 더 건설적인 나라를 세웠다면 어땠을까요? 그랬다면 이후의 역사도 달라지지 않았을까 하는 아쉬움은 저만 느끼는 게 아닐 겁니다.

여기서 영국의 로빈 후드가 떠오릅니다. 로빈 후드는 1160년부터 1247년까지 활동했다고 전해지는 설화 속의 인물입니다. 조선의 임꺽정처럼 영국의 한 숲속에서 귀족과 성직자의 횡포를 막고 이들이 갈취한 재산을 빼앗아 백성들에게 나눠 주었다고 합니다. 그렇지만 로빈 후드는 임꺽정과 달리 설화나 소설 속의 인물로, 역사에 전혀 기록되어 있지는 않습니다. 로빈 후드는 중세의 폭정을 통쾌하게 응징하는 대중들의 열망이 만든 가공의 인물입니다. 이 가공의 인물이 백성의 아픔은 나 몰라라 하며 그들을 갈취하는 영국의 왕이나 귀족보다 민중들이 더 원하는 인물이라는 것은 분명합니다.

그렇지만 영국은 이런 민중의 바람처럼 1215년 왕의 권한을 대폭 줄이는 대헌장을 만들었습니다. 대헌장의 핵심은 세금을 왕이 함부로 만들지 못하게 하고 법에 의하지 않고 사람을 체포, 투옥, 재산 몰수를 하지 못하게 한다는 내용이었어요. 물론 모든 백성이 아니라 귀족의 권리와 안전을 보장한다는 한계가 있었습니다. 하지만 대헌장은 근대 이후 국민의 권리와 자유를 보장하는 영국식 법 제도의 기초가 되었습니다.

조선 시대에는 수많은 민란과 정변이 있었습니다. 그러나 혁명은 일어나지 않았습니다. 폭군 연산군을 폐위했지만 그 자리에 다른 이 씨 성의 왕족이 올라갔습니다. 유교에서 왕은 하늘의 뜻이기에 몰아낼 수는 있어도 왕조 체제 자체를 부정하지는 못했던 것입니다. 조선이라는 나라 자체가 고려의 왕을 제거하고 만들어진 것인데 왜 새로운 왕조를 만들지 않았을까요? 어쩌면 과거 이성계가 고려 왕들을 죽였다는 혐의로 중국으로부터 정통성을 인정받지 못해 고생했던 사실을 떠올린 건 아닐까요? 조선이 무려 500년 넘게 유지될 수 있던 것도 어떻게 보면 (통치자 입장에서 보면 꽤 쓸 만한) 유교라는 '낡은 방패' 덕분이었습니다.

이런 왕 중심의 사고방식은 소통을 막습니다. 권위에 따를 뿐 상호 비판은 불가능하니까요. 거기다 조선에서 왕은 법 위에 존재했습니다 주선의 법전인『경국대전』에는 왕과 관련된 법규는 전혀 없습니다. 왕은 법보다 높은 '하늘'이었습니다. 상대가 마음에 들지 않는다면 옛 성현들의 가르침에 어긋난다며 '사문난적'으로 몰아 귀양을 보내거나 사약을 내리면 그만이었습니다.

수많은 개혁의 아이콘들이 왕과 왕권에 기댄 세력에 의해 그렇게 죽었습니다. 이러한 경직된 정치·사회·문화는 왕실뿐 아니라 전국으로 확산되었습니다. 이로써 사농공상, 남존여비, 장유유서라는 차별이 보편화되었지요. 끝도 없이 세분화된 차별의 문화는 조선을 혁신이 불가능한 사회로 만든 장본인이었습니다.

고추

백의민족의 밥상을 붉게 물들이다

"작은 고추가 맵다."

−한국 속담

"고추를 사랑해서 고추를 고추장에 찍어 먹는 나라."

우리나라 사람들이 자신을 가리키며 하는 말입니다. 이 말처럼 우리나라의 고추 사랑은 유별납니다. 전 세계적으로 피클(깍두기)이나 샐러드(김치)에까지 고춧가루를 뿌려 먹는 민족은 찾기 어렵습니다.

고춧가루가 우리나라에 들어온 것은 임진왜란 이후로 알려져 있습니다. 일본에서 담배와 함께 들어왔다고 하는데 정확하지는 않습니다. 조선 전기에 들어왔다는 기록도 있고 일본에서는 "고려 고추를 수입해서 먹었다"는 기록도 있습니다. 이미 고려 때 들어왔을 가능성도 있는 것입니다. 그래서 임진왜란 때 들어온 것은 특정한 고추 품종이라는 추측도 나옵니다. 한 가지 확실한 건 임진왜란 이후부터 고추가 한반도에 널리 퍼졌다는 점입니다.

근대 이전까지 이렇게 빠른 속도로 전국에 퍼진 음식은 없었습니다. 쌀과 소금 같은 필수 식품과 구황 식품인 감자나 고구마를 제외하고는 말이에요. 오늘날 대표적인 패스트푸드인 콜라, 햄버거도 이렇게 빠르게 우리 일상에 자리 잡지는 못했습니다. 임진왜란 이후 심심했던 김치들이 사라지고 고춧가루가 들어간 매운 김치가 대세를 이룹니다. 이뿐만 아니라 나물과 탕, 심지어 국에도 고춧가루가 듬뿍 들어갑니다.

왜 고춧가루를 듬뿍 치게 되었을까?

그렇다면 우리 음식에는 왜 이렇게 고춧가루가 많이 들어가는 걸까요? 그전까지 간장과 된장, 소금 같은 양념만으로도 잘 살아온 민족이었는데 말이죠. 여기에는 여러 가지 설명이 있습니다. 그중에 가장 유력한 것은 '빈곤설'과 '경제 윤택설'입니다. 하나는 너무 가난해서이고 다른 하나는 먹고살 만해서 고춧가루를 많이 썼다는 이야기입니다. 내용상 정반대인 두 가설이 어떻게 동시에 제기되었을까요?

빈곤설은 상업을 등한시하고 물류가 발달하지 않아 소금이나 젓갈을 구하기 어려워 그 대신 매운 고춧가루를 듬뿍 쳤다는 주장입니다. 실제로 고추가 일본에서 건너왔다고 하는데 정작 일본에서는 고춧가루를 많이 쓰지 않습니다. 그렇다면 정말 다른 양념은 구하기가 어려웠을까요? 그 시기 우리나라의 경제 상황이 어땠는지 한번 살펴보겠습니다.

임진왜란과 병자호란(1636~37)이 끝난 뒤 조선은 깊은 상처를 입었습니다. 각각의 전쟁에서 수십만 명의 사람이 죽고 다치거나 전쟁 포로로 일본과 중국으로 끌려갔습니다. 그러나 조선 조정과 사대부들은 이런 현실을 인정하지 않으려 했습니다. 오히려 명나라가 멸망하자 스스로 천하에 유일한 유교국, 즉 '소중화'라며 자기 최면을 걸었습니다. 멸망한 명나라의 왕들을 위해 제사를 지냈어요. 이런 사고방식은 안 그래도 휘청이던 조선을 쇠퇴의 길로 몰아갑니다.*

예컨대 청나라와 친교를 주장한 광해군을 유교적인 명분을 들어 쫓아냅니다. 그러고는 왕족들 가운데 '적당한' 인물을 골라서 왕으로 옹립합니다. 여기서 '적당'하다는 것은 어디까지나 집권 사대부 세력 입장입니다. 즉 자신들이 쥐고 흔들 만큼 만만해야 한다는 겁니다.

어리거나 명석하지 않고 친인척 관계가 복잡하지 않을수록 좋았습니다.

광해군이 축출된 뒤 왕위에 오른 인조가 그랬습니다. 붕당 세력들은 이후에도 선왕이 아들 없이 죽으면 왕족 가운데 '적당한' 인물을 골라 왕을 세우는 일을 반복합니다. 강화도에서 농사짓던 철종이나 친인척 없이 가난하게 살았던 흥선 대원군의 아들 고종을 왕으로 고른 것도 붕당 세력들이었습니다. 이상적인 유교 국가를 지향했던 조선이 후기에 들면서 어느덧 파벌끼리 티격태격하는 붕당의 나라가 된 것입니다.

조선 후기 여러 왕들이 붕당 세력에 의해 독살됐다는 추측이 나오는 것도 이런 까닭입니다. 까다로운 왕은 죽이고 마음대로 할 수 있는 왕을 세웠다는 것입니다. 조선의 대표적인 개혁 군주였던 정조가 독살됐다는 주장도 그렇습니다. 노론老論이 옹립한 서얼 출신 왕 영조(영조의 어머니는 궁녀였습니다)가 여러 붕당을 골고루 등용했던 반면, 정조는 당시 집권 여당인 노론 대신 남인南人을 중용하다가 마흔여덟

---

* 조선이 서양과의 교역을 처음 요구받은 것은 1860년쯤이었습니다. 조선은 그해 베이징 조약으로 국경이 바뀌면서 두만강을 끼고 러시아와 접하게 됩니다. 러시아는 지속적으로 조선에 통상을 요구했지만 조선은 계속 이를 무시했습니다. 당시 왕인 고종은 "서양인이 원하는 것은 강화이지만 그들과 강화하면 인륜이 무너질 것이고 그렇게 되면 공자님의 도가 다시는 행해지지 않을 것이다"라며 러시아와 교역을 하지 않았습니다. 이렇게 20년 가까이 유교 교리를 들어 서양과의 교역을 피하던 조선은 1876년 일본과 불평등한 강화도 조약을 맺고 결국 일제의 식민지가 되었습니다. 조선이 일본과 다르게 쇄국 정치를 더 오랫동안 고집했던 이유를 짐작할 수 있는 대목입니다.

이라는 젊은 나이에 죽습니다.

왕의 운명을 좌지우지할 정도로 강한 권력을 가진 사대부들은 부국강병이나 민생보다는 탁상공론에 능했습니다. 중국 고사故事를 들먹이며 왕이 죽었는데 계비가 상복을 며칠을 입어야 하느냐 등을 두고 격렬한 논쟁을 벌였습니다(예송 논쟁). 그 가운데 황당한 것이 효종 때 나온 북벌론北伐論이었습니다. '북쪽을 벌한다'는 뜻인데 여기서 그 대상은 청나라였습니다. 이를 주장한 사람들은 인조반정을 주도하고 결과적으로 병자호란을 초래한 서인西人이었습니다. 이들은 숙종 때 노론과 소론으로 다시 분화합니다.

북벌은 한마디로 난센스였습니다. 당시 청나라가 내분에 빠져 있었다고 해도 중국 중원은 물론 네팔과 티베트, 몽골까지 병합한, 당시 세계에서 가장 잘사는 나라였습니다. 18세기 서유럽의 인구가 1억을 넘었을 때 청나라 인구는 2억 명에 달했습니다. 같은 시기 조선의 인구는 1000만 명 정도였어요. 심지어 세계 제조업 생산량의 30%를 중국이 차지했다는 추정도 있습니다. 막강한 군사력을 자랑하는 유럽 국가조차도 청나라 눈치를 볼 때였습니다. 그런데 북벌이라니요. 국가 재정이 부족해 국경 수비조차 제대로 못 하면서 거대 제국인 청나라와 어떻게 전쟁을 벌인다는 걸까요? 이런 사대부들의 주장에 병자호란의 참상을 온몸으로 겪은 백성들이 무슨 생각을 했을까요? 아마도 허탈했을 것입니다. 명과의 도리 운운하며 전쟁을 논하는 그들은 사실 군대에 가지 않고 세금도 내지 않는 특권층이었습니다.

물론 북벌을 주장한 이들도 국력 차이를 알고 있었습니다. 그런 그들이 북벌을 주장한 데에는 정치적 목적이 있었어요. 조선 내부의 정적을 치는 도구였습니다. 북벌에 반대하는 순간 그 사람은 공자와 맹자의 도에서 어긋난, 천륜을 모르는 사문난적이 되는 겁니다. 조선의 국법에 따르면 사문난적은 사형에 처할 수 있었습니다. 실제로 이 혐의로 수많은 사람이 사약을 받거나 귀양을 갔습니다. 정치가 이런데 산업이 제대로 발달할 수 있었을까요?

가난해서 먹게 된 고추?

임진왜란과 병자호란이라는 큰 전쟁을 치른 후 백성들의 경제 사정은 매우 어려웠을 것입니다. 따라서 귀한 소금 대신 밭에서 자라는 고추로 양념을 했다는 주장은 설득력이 있습니다. 조선은 상업을 등한시하여 유통이 발달하지 않아 소금조차 구하기 어려웠다고 합니다. 게다가 조선 후기 왕실과 세도가들이 공유지였던 염전을 일부 독점해 소금이 귀해지면서 큰 사회 문제가 되기도 했습니다.

이런 상황에서 고춧가루는 훌륭한 대안이었습니다. 심지어 재료의 단점을 잘 가려 줍니다. 생선으로 맑은국이나 탕을 끓이면 비린내가 날 수 있지만 고춧가루를 넣고 매운탕을 끓이면 그렇지 않기 때문입니다.

외국에도 비슷한 사례가 있습니다. 세계에서 가장 가난한 지역의 하나로 꼽히는 서아프리카 지역이 그렇습니다. 이곳 사람들은 붉은 고추를 탄수화물 음식에 버무려 먹습니다. 고추는 가난과 악천후로 탄수화물 중심의 빈약한 식재료로 끼니를 때워야 하는 이 지역 사람들의 고민을 해결해 주었습니다. 음식을 맛있게 해줄 뿐만 아니라 구하기도 쉬웠어요. 아프리카 열대 기후에서 잘 자랐기 때문에 급속도로 퍼져 이 지역의 전통적인 음식 문화를 바꾸었습니다.

칠리소스를 많이 쓰는 멕시코도 부유한 나라가 아닙니다. 지금도 많은 이들이 아메리칸드림을 꿈꾸며 미국으로 향합니다. 어쩌면 맵고 붉은 음식인 고추는 가난과 깊이 닿아 있는지도 모릅니다.

"쌀 나고 고추 났다"

가난해서 고추를 애용한다는 주장과 정반대 의견도 있습니다. 곳간에서 인심 나듯이 여유가 생기면서 고춧가루를 쓰기 시작했다는 설입니다.

조선 후기 광해군과 숙종이 대동법을 시행하면서 농민들은 방납의 공포에서 벗어납니다. 국가가 모내기를 권장하면서 생산력도 올라가요. 자기 땅을 경작하는 중소 규모 농민이 늘어나게 됩니다. 이는 전쟁으로 줄어든 토지세 수입을 늘리려는 조정의 선택이었을 겁니다.

어쨌든 그 덕분에 농민들 삶이 조금은 나아집니다. 모내기로 쌀과 보리가 풍족해지고 상차림도 이 두 곡식 중심으로 이루어졌습니다. 그러다 보니 밥을 맛있게 먹기 위해 맵고 짠 반찬이 상에 오르게 됐다는 분석입니다. 한마디로 조선 후기 들어 밥상이 풍족해지면서 고춧가루가 널리 퍼졌다는 이야기입니다.

고춧가루를 보아도 알 수 있듯이 민중에게 따뜻한 밥과 매콤한 김치 한 조각을 내준 것은 조선이 신봉한 성리학이 아니었습니다. 어떻게든 자식들에게 한 끼라도 더 맛있게 먹일 수 있을까를 고민했던 평범한 사람들이었어요. 그들은 조선 후기까지 조정의 눈을 피해 모내기를 했고 장터에 나가 물건을 팔아야 했습니다. 그러자 조정이 마음을 바꿔 모내기와 민간의 상거래 행위를 허용했던 것입니다.

조선 시대 지배 세력이 백성을 위한다며 공허한 학문을 선택했다면 민초들은 소중한 끼니를 위해 매운 고추를 택했습니다. 성리학은 민중들을 배고픔으로 내몰았지만 백성들은 매운 고추를 먹으며 그 시련을 견뎌 냈습니다. 공허한 이념은 언제나 밥 한 그릇만 못합니다.

북 장단에 맞추어 농민들이 모내기
를 하는 장면. 작자 미상.

　조선 시대를 관통했던 성리학은 1948년 우리나라에 서구식 민주
주의 제도가 도입되면서 그 힘을 잃었습니다. 반면 고추는 지금도 우
리의 식탁을 풍성하게 하고 있습니다. 특히 김치는 고춧가루를 만나
완전히 다른 음식으로 진화합니다. 풍성한 젓갈과 다양한 양념이 보
태져요. 고춧가루 양념이 젓갈 비린내를 없애고 풍미를 더하기 때문
입니다.

　고춧가루에 메줏가루·엿기름을 섞어 발효시킨 고추장 역시 한국

음식에 큰 변화를 일으켰습니다. 매콤하고 달짝지근한 고추장은 된장과 함께 강력한 마법 소스 역할을 했습니다. 대표적인 것이 떡볶이와 비빔밥·비빔국수입니다. 한국인치고 김치는 물론이고 떡볶이와 쫄면처럼 매운 요리에 얽힌 추억이 없는 사람이 드물 정도입니다.

⑤

탕평채

조선의 패스트푸드여, 분열을 극복하라!

"나는 아테네 사람도 아니고 그리스 사람도 아니다. 나는 세계 시민이다."

-헤로도토스*

'숙맥菽麥'이라는 말이 있습니다. 콩과 보리를 구분 못 하는 어리숙한 사람이라는 뜻입니다. 둘 다 우리에게 익숙한 작물이지요. 그중 보리는 쌀과 함께 우리 민족의 주식이었습니다. 싹을 틔운 보리는 엿

---

* 기원전 484년~기원전 425년(추정). 고대 그리스의 역사학자입니다. 『역사』라는 유명한 책을 써 '역사의 아버지'로 불립니다.

기름이 재료로 우리 민족에게 달콤함을 주기도 했죠. 콩도 간장·된장은 물론 콩나물처럼 다양한 먹거리로 즐겼습니다.

콩의 한 종류인 녹두도 마찬가지입니다. 녹두는 잔치 음식인 빈대떡 재료로 잘 알려져 있습니다. 또 녹두 가루를 묵처럼 굳힌 것이 바로 청포묵입니다. 미나리 같은 채소를 곁들여 먹는 청포묵은 반찬은 물론 간식으로 널리 애용됐습니다.

이번에 소개할 음식은 이들 재료가 고루 들어간 '탕평채'입니다. 탕평채는 매우 특별한 음식입니다. 여기에는 역사적인 사건이 녹아 있어요. 조선 시대 심각했던 파벌 싸움이 바로 그것입니다.

혜성같이 등장한 음식, 탕평채

탕평채蕩平菜를 우리말로 풀면 '녹두묵 채소 무침'입니다. 녹두로 만든 묵(청포묵)과 볶은 고기를 미나리 같은 파란 채소와 버무려 김·달걀 지단으로 장식한 전채 요리입니다.

'탕평蕩平'은 '탕탕평평'의 줄임말로 '가리지 않고 골고루 한다'는 뜻입니다. 비슷한 뜻의 말로 옛날 물건이라는 뜻도 지닌 '골동骨董'이 있습니다. 비빔밥의 한자어가 바로 '골고루 섞어 먹는 밥'인 골동반骨董飯입니다. 음식치고는 다소 어려운 한자 이름이 붙었는데요. 왜 그랬는지, 그 유래를 알아보겠습니다.

조선의 전성기로 보통 조선 전기의 세종대왕 때와 조선 후기의 영·정조 시기를 꼽습니다. 특히 영·정조 때는 이른바 조선판 '르네상스'로 불릴 만큼 많은 분야에서 발전을 이루었습니다.

모내기의 도입으로 영조 때부터 산업이 비약적으로 발달합니다. 농가 생산량이 늘면서 상거래가 활발해집니다. 대동법은 이러한 흐름을 더욱 가속화해요. 백성들이 쌀로 세금을 바치면 정부가 이걸 시장에서 필요한 물품으로 바꾸었기 때문입니다. 광해군이 도입한 대동법이 영조 때 본격 시행되면서 상공업 발전을 이끌었던 것입니다.

화폐도 널리 사용됩니다. 우리가 잘 아는 상평통보常平通寶도 이때 나옵니다. '상평'이란 상시 평준常時平準의 줄임말로 '항상 가치가 균일한 보물'이라는 뜻입니다.* 인조 때 만들어진 이 화폐는 숙종 때부터 유통되다가 영조 때에 이르러 널리 쓰이게 됩니다. 우리나라 최초의 전국 화폐예요.

시끄러웠던 병역 문제는 균역법으로 어느 정도 해결합니다. 군대

---

* 상평통보는 상평이라는 그 이름과 달리 조선 말 화폐 유통량이 많아지면서 그 가치가 떨어졌습니다. 고종은 국가 재정이 악화되자 1866년(고종 3년) 상평통보의 100배 가치를 지녔다는 의미의 '당백전'을 찍어 냅니다. 왕궁의 권위를 과시하기 위해 경복궁을 다시 지으려 했는데 이를 위한 재원 마련이 필요했던 탓이었습니다. 하지만 일반인들은 구리 함량이 상평통보에 견줘 많지 않았던 당백전이 그만큼의 가치가 있다고 생각하지 않았습니다. 결국 조선 조정은 외면받은 당백전을 1년 만에 발행을 중지했습니다. 하지만 잘못된 고액 화폐가 풀린 탓에 물가가 급등했습니다. 특히 흉년과 맞물려 쌀값이 올라 구한말 서민들의 경제적 고통이 커졌습니다.

상평통보 ⓒ국립중앙박물관

에 가는 대신 매년 옷감 한 필을 납부했습니다. 어차피 평민들은 군대에 가도 직접 전투를 벌이기보다는 토목 사업에 배치되는 경우가 많았습니다. 또 대규모 전쟁이 나도 평민의 군사력이 크게 도움이 되지 않는다는 것을 임진왜란 이후 조선 조정은 알게 됐습니다. 병자호란 때는 아예 많은 평민들이 양반을 위해 목숨을 걸 수 없다며 불복종하는 사태까지 발생했습니다. 그러니 평민들에게는 세금으로 군포를 걷고 그 돈으로 정예 군인을 훈련시키는 편이 낫다고 판단한 것입니다.

영조가 각종 개혁책으로 조선 사회를 부흥시킨 데는 그의 성장 배경과도 관련이 있습니다. 영조는 숙종이 궁녀 사이에서 얻은 자식이었습니다. 왕가의 법도로 따지면 천한 출신이었던 것입니다. 유교 원리주의 사회이자 계급 사회였던 조선은 부모 중 한쪽이 천하면 자식도 천하게 취급했습니다. 그런데 배다른 형인 경종이 급작스럽게 죽으면서 왕위에 오릅니다.

'천한 출신'이라는 흠결을 가진 영조가 왕위에 오르자 반대파에서는 비방을 일삼았습니다. 영조는 여기에 맞서 국정에 전념했습니다. 그 결과 그는 세종대왕에 버금가는 업적을 남겼습니다.

영조는 하루 10시간 이상 정사를 돌보고 가뭄이나 홍수가 발생하면 백성의 고통을 함께한다는 의미에서 식사를 간소하게 하거나 아예 건너뛰기도 했습니다. 이를 '감선減膳'이라고 하는데, 영조는 조선역사상 감선을 가장 많이 한 왕이었습니다. 그 덕분일까요? 영조는여든일곱 살까지 살며 조선의 최장수 왕이 됩니다.

영조는 엄정한 자기관리로 치밀하게 조선 사회를 얽매고 있던 붕당의 그물을 피해 나갔습니다. 보기 드문 균형 감각을 가진 임금이었습니다. 상상해 보면 당시 왕이 앉은 자리는 그야말로 바늘방석이었을 것입니다. 어떻게든 왕을 이용하려는 무리에 둘러싸여 있었을 테니까요. 게다가 유교 국가인 만큼 왕실의 법도 역시 무척이나 엄하고복잡했을 것입니다. 피가 바짝바짝 마르는 궁궐의 일상을 무시하고기행을 일삼던 왕이 연산군이고 이를 가장 잘 참아 냈던 사람이 영조입니다. 덕분에 영조 시대에 와서 붕당 세력의 영향력이 줄어듭니다.

51세 때 영조의 어진. 1900년에 원본을 참고해서 그린 그림으로 1744년에 제작된 원본은 한국 전쟁 때 소실되었다.
ⓒ국립고궁박물관

영조의 탕평책, 정쟁을 멈추다

영조는 군왕다운 몸가짐과 함께 붕당 세력을 다스리고자 묘안을 하나 냅니다. 그것은 바로 탕평책이었습니다. 노론-소론-남인으로 갈라져 있던(광해군 때 집권한 북인은 이미 인조반정 때 대부분 숙청되었습니다) 정치 세력을 골고루 등용했습니다. 예컨대 이조(현재의 행정안전부)에 노론을 등용했으면, 병조(국방부)에는 소론을, 예조(교육부)에는 남인을 쓰는 방식이었습니다.

이런 기계적인 정책이 통했던 것은 영조의 리더십 때문이겠지만 다르게 보는 시각도 있습니다. 숙종과 경종 때 붕당이 싸우다 지쳐서 잠시 숨 고르기에 들어갔다는 해석도 있어요. 괜찮은 심판이 나타나서 중재하니 붕당도 잠깐 휴전에 들어간 것이죠.

정치에 탕평책이 있었다면 음식에는 탕평채가 있었습니다. 탕평채는 지긋지긋한 붕당 정치를 직접 목격한 영조가 직접 고안했다고 알려집니다. 당시 붕당 간 갈등이 어느 정도였느냐면, 당파 간 음식이나 옷도 달리했다고 합니다. 한쪽이 소매통이 넓은 옷을 입으면 다른 쪽은 좁은 옷을 입고 이쪽이 녹차를 마시면 저쪽은 우롱차를 마셨습니다. 그래서 영조가 직접 당파 사람들을 모아 놓고 탕평채를 먹인 것입니다. 이 색 저 색이 골고루 어우러진 탕평채를 보며 생각을 고쳐먹으라는 뜻이었겠지요.

탕평채는 조선 후기 시중 음식점에서 팔던 잡채의 일종이었습니다. 나중에는 행상들이 메밀묵과 함께 탕평채를 팔 정도로 유행했다고 해요. 빨리 팔고 움직여야 했던 행상들이 선보인 일종의 패스트푸드였던 셈입니다. 행상들이 이런 음식을 팔았다는 것은 이 시기 그만큼 상업이 발달했다는 뜻이기도 합니다.

탕평채가 화해의 정치를 의미하게 된 것은 여러 색의 식재료가 어우러졌기 때문입니다. 그리고 이 색에는 각각 의미가 있습니다. 동양의 사고체계인 음양오행 이론에서 색깔은 동서남북 방위를 상징합니다. 따라서 청포묵의 흰색은 서인, 고기의 붉은색은 남인, 미나리 채소의 파란색은 동인, 검은색 김은 북인을 상징한다고 생각했던 것이죠. 달걀 지단의 노란색은 중앙을 상징합니다. 조선 시대에는 다섯 색이 골고루 섞인 오방색 요리를 뜻깊게 생각했습니다. 이탈리아 건국 시기에 등장한 마르게리타 피자가 이탈리아 국기 색깔인 녹색, 흰색, 빨강으로 이루어진 것과 비슷하다고나 할까요?

영조의 뒤를 이어 왕위에 오른 정조 역시 개혁적인 군주였어요. 치밀한 영조와 달리 선이 굵은 성품이었습니다. 정조는 기계적 탕평책보다 자신이 옳다고 믿는 특정 세력에 힘을 실어 주었습니다. 특히 남인을 중용했지요. 유교 원리주의에 입각한 노론에 견줘 남인은 실용적이었습니다. 덕분에 정약용·정약전 같은 개혁적 인물이 관직에 오르고 『조선왕조실록』에 등장할 만큼 업적을 쌓을 수 있었어요. 또한 정조는 규장각을 부활시켜 인재를 중용했으며 서자 차별을 폐지해 유득공·박제가 같은 인재에게 길을 터 주었습니다. 한편 붕당의 돈줄 노릇을 해왔던 시전 상인의 특권인 금난전권을 철폐하고 일반인의 상업 활동을 보장했습니다.

조선 건국 이후 독점권을 가진 시전市廛은 종로에 육의전을 열고 물건을 파는 한편, 허가받지 않는 난전亂廛을 단속해 왔습니다. 요즘으로 치면 정부가 대기업 백화점 사업자에게만 특권을 주어 서민들의 골목 상권을 침해하는 것과 비슷합니다. 이런 관행을 뒤집은 혁신적인 정책이 바로 '신해통공辛亥通共'입니다. 1791년 신해년에 '통공通共', 즉 규제를 풀어 거래를 활성화했다는 뜻입니다. 영조 때에 모내기 전면 실시로 농업 규제가, 뒤이어 정조 때에 상업의 규제가 풀렸던 것입니다.

세도 정치로 중단된 개혁

정치와 산업 전반에 개혁의 단비가 내리던 조선 후기는 유럽의 근대와 비교되기도 합니다. 그만큼 변화와 진보가 있었다는 뜻이겠지요. 하지만 아쉽게도 숙종 때부터 시작돼 정조까지 이어진 개혁은 본질적인 변화로 이어지지 못했습니다.

결국 조선의 개혁은 1800년 정조가 갑작스럽게 죽으면서 끝났습니다. 그러자 한동안 숨죽이던 붕당 정치는 한 단계 진화합니다. 아예 영·정조 같은 똑똑한 왕이 나오지 못하게끔 막아 버리는 세도 정치가 들어서요. 조선 전기 명종 때 한 가문이 모든 권력을 장악했던 세도 정치가 이때 다시 시작해 고종 때까지 무려 60여 년간 지속됩니다.

붕당은 그래도 적대 세력 간 견제가 있었지만 세도 정치는 오로지 한 집안이 권력을 장악해 더 폐해가 큽니다. 오늘날로 치면 한 집안이 국무총리, 국회의장, 대법원장 등의 중요한 자리를 나눠 먹는 일이 벌어진 겁니다. 원시 부족 국가에서나 있을 법한 일입니다. 그동안 역사가 발전하면서 과거 시험으로 인재를 뽑고 왕권을 견제하기 위해 의정부와 삼사 등의 조직을 만들어 놓았는데, 이런 장치들을 모두 무효화시킨 것입니다. 도덕이 없는 야만의 시절로 돌아가겠다는 것입니다.

세도가들은 과거 고려 때 무신 정권이 그랬던 것처럼 왕족 가운데 가장 문약한 자를 왕으로 뽑아 놓고 궁궐이 아닌 자신의 집에서 한 나라의 정치를 주물렀습니다. 그 결과를 우리는 이미 알고 있습니다. 무신의 난 이후 고려는 몽골의 식민지가 되고 온 나라가 홍건적과 왜구들의 놀이터가 되었지요. 그리고 조선 후기 세도 정치가 시작된 지 100여 년이 지나 우리나라는 일제 식민지가 됩니다.

갈치

조선 지식인의 매서운 반격

기술을 천히 여기면 안 된다.
기술이 인간의 생활에서 차지하는 비중과 구실은 대단히 크다.
이를 올바로 인식해야 한다.
(⋯)
우리는 낙후된 실정을 직시하고
어서 빨리 서양의 근대 과학 기술을 받아들여야 한다.
-정약용 『기예론』 중에서

조선은 임진왜란과 병자호란이라는 큰 전쟁 이후에도 성리학의 미몽에서 벗어나지 못했습니다. 그러는 사이 세계는 자본주의라는 새로운 약육강식 체제가 등장하면서 아메리카와 아프리카 일대를 해체하고 있었습니다. 조선은 자본주의나 서구 제국주의의 실체를 몰랐습니다. 바다 건너에서 몰려올 거대한 쓰나미에 대해 준비가 전혀 없었던 것입니다.

조선의 주류 세력은 유럽에서 일어난 새로운 변화에 무지했습니다. 19세기 말 일찌감치 개항하고 근대화에 나선 '검은 머리 서양인'인 일본의 총구 앞에 속수무책이었던 이유입니다.

물론 다가올 미래를 예견한 지식인이 없었던 것은 아닙니다. 다산 정약용은 그의 책 『기예론』에서 "일본과 유구(오키나와)가 중국에서 열심히 기술을 배워 가고 있다"며 "그 덕에 유구와 일본은 바다 가운데 멀리 떨어져 있으면서도 중국과 대등하게 되어 백성들은 부유하고 군대는 막강하니 이웃 나라에서 감히 침략하지 못한다"고 했습니다.

조선 후기에 양반은 왜 조롱받았을까?

실제로 일본이 임진왜란 때 사용한 조총이나 명나라 군대의 불랑기포는 모두 포르투갈에서 수입된 무기였습니다. 조선이 임진왜란 상황을 철저하게 분석했다면 서양의 신기술이 왜 조선의 백성과 국토를 끔찍하게 유린했는지, 또 어떻게 왜구들을 조명 연합군이 쫓아냈는지를 알 수 있었을 것입니다. 또 서양 문명이 앞으로 조선을 비롯한 국제 질서를 어떻게 변화시킬지 통찰해 볼 수 있었을 것입니다.

하지만 선조를 비롯해 조선의 지배층들은 이를 외면했습니다. 대신 명나라 황제를 모시는 사당을 만들었어요. 백성들은 이런 사고방식이 얼마나 시대착오적인지 알고 있었습니다.

당연히 지배층인 양반들은 어느새 조롱의 대상이 되었습니다. 한편에선 박지원 같은 지식인이 자신이 속해 있던 양반을 비판하는 소설『양반전』을 쓰고, 또 한편에선 천민으로 취급받던 남사당패들이 탈춤으로 양반의 이중성을 신랄하게 비판했습니다.* 교회의 타락에 맞서 종교 개혁을 일으키고 전제 군주와 귀족을 혁명을 통해 단두대로 보낸 서양에 비하면 참으로 온건한 방식이었습니다. 하지만 중요한 것은 조선 후기에 이르러 많은 백성이 조선의 지배층이 타락할 대로 타락했다는 사실을 알고 있었다는 점입니다.

이때가 되면 신분제가 흔들립니다. 돈 많은 이들은 공명첩을 사서 양반이 되었습니다. 급기야 인구의 절반이 양반이 되면서 조선의 재정은 위기에 처했습니다. 양반은 대부분의 세금을 안 냈으니까요.

조선에서 먹고살 만한 사람들은 대부분 사대부士大夫를 꿈꾸었습니다. 사대부란 원래 과거에 합격하여 관료가 된 사람을 이르는 말이었습니다. 그러나 과거에 합격하기란 쉽지 않았어요. 조선 역사를 통틀

---

* 실학자이자 문장가였던 박지원은 청빈한 삶을 살았습니다. 그는 고추장 하나를 놓고 밥을 먹었다고 하는데 직접 고추장을 담갔다는 기록도 있습니다. 직접 요리를 하던 멋진 사대부였던 것입니다.

손자 박주수가 그린
연암 박지원의 초상.

어 500년 동안 겨우 1만 명의 합격자가 나왔을 뿐입니다. 반면에 응시자는 매우 많았습니다. 1800년에 치러진 순조 왕세자 책봉 기념 과거에는 무려 20만 명이 응시하여 실질 경쟁률이 1만 6000대 1에 이를 만큼 경쟁이 치열했습니다.

상황이 이렇다 보니 '편법'을 찾는 이들이 생겼습니다. 돈으로 신분을 사는 것도 그중 하나였어요. 그러다 보니 양반의 권위도 예전만 못해집니다. 18세기 이후 선망의 대상이던 양반은 비웃음거리로 전락하고 평민뿐 아니라 양반 내부에서도 비판의 목소리에 직면합니다.

실학자 박제가는 "어린아이 때부터 과거 문장을 공부하여 머리가 허옇게 된 때에 과거에 급제하면 그날로 그 문장을 팽개쳐 버린다. 한평생의 정기와 알맹이를 과거 문장 익히는 데 전부 소진하였으나 정작 국가에서는 그 재주를 쓸 곳이 없다"라고 개탄했습니다.

연도	인구수
1392	555만 명
1400	573만 명
1500	941만 명
1600	1172만 명
1700	1436만 명
1800	1844만 명
1900	1708만 명
1910	1743만 명

조선의 인구 변화 자료: 권태환·신용하(1977)

이런 이유로 조선 후기에 전체 인구는 늘지만 세금을 내는 양인의 수는 늘지 않습니다. 앞서 말했듯 양반 수가 늘고 상대적으로 노비가 늘었기 때문이었습니다. 노비에 대한 처우는 매우 나빴습니다. 양반은 물론 평민들까지도 노비를 천대했어요. 이러한 신분제의 폐습은 조선 형벌의 전범인 『대명률』로 거슬러 올라갑니다.

명나라 때 당과 송의 형법을 모아 집필한 이 책은 조선 시대 광범위하게 사용되었던 법전입니다. 『경국대전』보다 더 많이 이용되었을 정도였는데, 전국 고을의 관헌에서도 사용했습니다. 『대명률』에 의하면 주인은 노비를 폭행하거나 심지어 죽였어도 처벌을 면합니다. 반면 노비가 주인을 한 대만 때려도 사형에 처했어요. 한마디로 법의 형평성이 완전히 어긋나 있던 것입니다.

결국 이들의 울분은 차곡차곡 쌓였다가 19세기 민란의 원인이 됩니다. 성리학에 세뇌되어 토끼같이 순하던 농민들이 관아를 급습해 세금을 뜯어가던 하급 관리들에게 힘으로 대항했던 것입니다. 조선 중기 임꺽정처럼 배포 큰 도적이 했던 일을 조선 후기 순박한 농민들이 직접 하기 시작했던 것입니다.

시대착오적인 법이나 제도로 억울함을 호소할 길이 없던 조선 시대나 고려 시대 사람들에게 유일한 저항의 수단은 자력구제, 즉 무장봉기밖에 없었습니다. 하지만 이런 무장봉기는 대규모가 아니었으며 비조직적인 탓에 대부분 금세 진압되었습니다. 봉기를 진압한 지배층은 제도를 고치기는커녕 강력한 처벌로 일관합니다. 『대명률』이나 『경국대전』에서 가장 엄히 다스리던 죄는 역모죄였습니다.

실학, '허학'된 성리학을 비판하다

조선의 지식인들도 이런 현실을 알고 있었습니다. 때로 죽음을 무릅쓰면서 개혁을 주장했어요. 학문적인 싸움도 있었습니다.

조선 후기 청나라에서 고증학이 조선으로 들어왔습니다. 성리학의 공허함을 비판하고 실사구시를 강조한 실증주의 학문이었습니다. 조선의 지식인들은 사서삼경으로는 더는 세상의 흐름을 따라갈 수 없다는 것을 깨달았습니다. 백성의 살림살이를 나아지게 하려면 상업이 흥해야 한다는 것도 알게 되었어요.

그동안 성리학은 "군자는 의를 탐하고 소인은 이를 탐한다"면서 상업 행위 자체를 경계했습니다. 이런 시각으로 보면 중상주의 정책으로 영국을 부강하게 한 엘리자베스 1세나 분업과 자유 무역을 주장한 애덤 스미스는 한낱 사익을 추구하는 '소인배'에 불과합니다.

현실을 전혀 못 따라가는 낡은 사상이었어요. 조선의 실학자들은 이를 두고 '허학虛學'이라고 비판했습니다. 공허한 학문이라는 뜻이에요. 재미있는 점은 고려 말에 신진 사대부들이 불교를 '허학'이라고 비판하면서 성리학을 '실학'으로 추켜세웠다는 점입니다.

조선의 실학은 청나라 고증학처럼 서양 문물의 충격에서 온 것입니다. 그 시초는 이익이에요. 그는 사신으로 청나라에 다녀오면서 서양 문물을 접했습니다. 특히 서양의 지도와 달력에 크게 매료됩니다.

지구의 공전을 수학적으로 증명해 낸 서양의 과학은 우주의 이치를 '천명天命'이라는 모호한 말로 뭉뚱그리는 성리학과 달랐습니다. '하늘의 이치'를 아는 것이 성리학이 말하는 군자의 첫 번째 도리인데 그걸 '서양 오랑캐'가 더 정확하게 해낸 것을 알고 무슨 생각을 했을까요?

몇천 년 전의 경전과 윤리만 달달 외우면 출세하는 나라의 학생이 유학 가서 컴퓨터와 천체망원경을 목격한 것과 비슷한 충격이었을까요? 당연히 실용 학문에 대한 관심이 커질 수밖에 없었습니다. 특히 민생과 밀접한 학문에 관한 연구가 활발해졌습니다.

조선 지식인의 저력을 보여 준 정약용 형제

많은 실학자 가운데 정약용은 특히 주목할 만한 인물입니다. 그는 둘째 형 정약전과 함께 정조를 도와 여러 가지 일을 합니다. 그중의 하나가 수원성 건설이었습니다. 이때 정약용이 거중기라는 기계를 사용했습니다. 수원성은 돌이나 흙으로 축성하는 기존 방식과 달리 벽돌을 썼고 총과 화포 같은 무기를 사용할 수 있도록 총구를 배치했습니다. 이런 설계 방식은 중국의 건축 관련 서적을 혼자 공부하면서 스스로 터득한 것이었습니다. 수원성은 실용 학문만 배운다면 조선

정약용이 유배 생활을 하는 동안 저술한 『목민심서』. 지방 관리들의 폐해와 함께 지켜야 할 도리가 담겨 있다. ⓒ국립중앙박물관

도 얼마든지 바꿀 수 있다는 가능성을 보여 주는 증거였습니다.

그러나 조선의 정치 구조는 혁신을 품을 만큼 너그럽지 않았습니다. 오히려 변화를 추구하는 사람들을 체제 바깥으로 내몰았습니다. 정약용도 예외는 아니었어요. 정약용은 천주교 신자라는 이유로 정조가 죽은 뒤 유배를 갔습니다. 그는 유배지에서 정약종, 정약전 등 친형제는 물론 많은 친구와 친인척의 숱한 죽음을 지켜보아야 했어요. 고통 속에서 18년 동안이나 유배 생활을 계속해야 했습니다. 그 동안 그는 『목민심서』, 『여유당전집』 등을 저술합니다. 500여 권이 넘는 책과 2500편의 시를 쓴 정약용은 '한자가 생긴 이후 가장 많은 책을 쓴 사람'이라고 불립니다.

우리나라 근대형 지식인으로 불리는 정약용의 신산한 삶에서도 알 수 있듯이 실학은 전체 정치권의 대대적 변화가 아니라 비주류의 새로운 사고방식쯤으로 봐야 합니다. 정약용뿐 아니라 많은 실학자들의 삶은 평탄치 않았습니다. 그중에 가장 멀리서 조선 지식인의 실력을 보여 준 사람이 있습니다. 정약용의 둘째 형인 정약전입니다. 정약전 역시 천주교 신자라는 이유로 유배를 갑니다. 그는 천주교 세례를 받았기 때문에 강진으로 유배를 간 동생 정약용보다 더 먼 흑산도로 유배를 갑니다.

조선 시대 유배형 중에서도 섬으로 가는 유배가 가장 고약한 형이었습니다. 이는 중국의 형법서 『대명률』에 있는 최고 유배형인 '3000리형'을 조선의 실정에 맞게 바꾼 것입니다. 조선 육지에서 가장 먼 유배지는 함경도 경원부로 한양에서 1700리 정도 거리였습니다. '3000리'에는 턱없이 부족했지요. 그래서 바다 건너 섬으로 유배를 보낸 것입니다. 사대주의 강국답게 중국 법리를 나름 철저하게 지킨 셈입니다.

지금도 흑산도는 목포에서 배를 타고 한참을 가야 합니다. 옛날에는 이 거리가 훨씬 더 멀게 느껴졌을 겁니다. 요즘으로 말한다면 부산에서 배를 타고 남태평양 섬으로 가는 식이었을 겁니다.

정약전은 유배지에서 오히려 빛나는 저술 활동을 펼칩니다. 흑산도 물고기를 관찰하여 『자산어보』라는 우리나라 최초의 어류 도감을 씁니다. 이 책은 조선 후기 해양 생물에 대한 인식을 보여 주는 소중한 자료입니다. 흑산도 특산물인 홍어에 대한 기록도 생생하게 나옵니다. 정약전은 물고기는 물론 가공 처리에도 관심이 많았다고 합니다. 갈치젓이 그의 아이디어라는 주장이 있을 정도입니다. 지금도 갈치젓은 호남 지역에서 김치를 담글 때 쓰이는 중요한 젓갈입니다.

그렇지만 정약전이 갈치젓을 처음 담갔다는 것은 떠도는 이야기일 가능성이 높습니다. 분명한 것은 그만큼 지역민들에게 정약전이 끼친 영향이 컸다는 점입니다. 짐작건대 '모든 사람을 평등하게 대하라'는 성경 가르침을 실천하던 '천주쟁이' 정약전은 그들이 보아 왔던 보통 양반과는 달랐을 것입니다. 유배 생활을 하며 자기들 삶의 토대이기도 한 물고기를 연구하는 모습에서 새로운 지식인 혹은 구도자의 모습을 봤을 수도 있습니다. 그런 마음이 정약전을 새로운 젓갈을 개발한 '수산물의 신'쯤으로 여기게끔 한 게 아닐까 싶습니다. 정약전이 16년간의 유배 생활 끝에 삶을 마감한 곳도 다름 아닌 흑산도 근처 우이도였습니다.

정약용·정약전 형제는 오랜 유배 생활 속에서도 앎에 대한 열정을 포기하지 않고 끊임없이 자신들은 갈고닦았습니다. 만약 이들이 다른 시대 혹은 다른 나라에서 태어났다면 어땠을까요? 유럽과 같이 자신의 재능을 펼칠 기회를 주는 도시 국가나 공화정 국가였다면 그 재능이 더욱 빛나지 않았을까요?

조선의 주류층이 성리학에 빠져 관념과 형식 그리고 체면과 허례 허식 따위에 관심을 쏟을 때, 실학자들은 백성을 위해 실용 학문에도 관심을 가져야 한다는 정반대의 생각을 했습니다. 비록 '허학'에 빠진 기득권의 반대로 '찻잔 속의 폭풍'에 그쳤지만 200년이 지난 지금, 후손들은 그들이 남긴 책에서 실학의 정신과 당대의 희망을 봅니다.

장터 국밥

되살아난 상업 경제, 조선에 활력을 일으키다

"세상에 기휘(나라의 금지령 등 규제)가 많아질수록 백성은 더욱 가난하게 된다."

-노자 『도덕경』 중에서

국밥은 우리나라를 대표하는 음식 중 하나입니다. 설렁탕, 육개장처럼 뜨끈한 국물에 밥을 말아서 김치 같은 반찬과 함께 먹어요. 또한 국밥은 지역 문화의 아이콘입니다. 영남 지역은 소머리국밥과 따로국밥, 전주는 콩나물국밥, 경기·충청은 순대국밥, 충북은 올갱이국밥, 제주도는 몸국('몸'은 제주도 말로 해초 모자반을 말합니다) 등이 유명합니다.

그런데 언제부터 이렇게 국밥이 발달했을까요? 국밥은 상업의 발달과 밀접한 관계가 있습니다. 조선 후기 들어 전국 지방의 장이 발달했습니다. 경상도 안동의 깨와 마, 충청도 홍성의 소, 경강의 젓갈, 전라도 나주의 홍어 같은 지역 대표 상품이 생겨나지요. 이는 백성들이 관의 허가를 받지 않고 물건을 팔면 곤장을 쳤던 조선 전기에는 상상할 수도 없었던 일입니다.

조선 전기에 이런 팔도의 진귀한 음식을 맛볼 수 있는 사람은 왕밖에 없었습니다. 상업 행위는 허가받은 육의전과 보부상을 제외하고는 사실상 금지했으니 왕실만이 공납을 통해 전국 특산물을 독점했습니다.

『조선왕조실록』에 쿠데타로 집권한 세조가 신하에게 배를 하사하니 신하들이 감읍했다는 기록이 있습니다. 지금은 흔한 배가 당시에는 귀한 과일이었음을 알 수 있습니다. 그러나 귤과 유자만큼은 아니었습니다. 상업이 발달한 영·정조 시대에도 이 두 과일은 무척 귀해서 신하들이 왕에게 가장 하사받고 싶어 하는 과일로 기록되어 있습니다. 과일만 놓고 보면 조선의 고관대작들보다 요즘의 평범한 사람들이 훨씬 풍요로운 셈입니다.

조선 시대에는 웬만한 부자가 아니고서는 조선 팔도의 맛난 음식을 먹어 보기는커녕 무엇이 있는지 알지도 못했습니다. 소금도 못 구해 백성들이 나물죽도 끓이지 못한다는 상소가 끊이지 않을 정도였습니다. 농민들이 40여 종의 각종 세금과 부역을 피해 고향을 등지거나 노비가 되는 일이 빈번했습니다.

장杖이 장場을 막지 못했다

가난한 나라 조선은 수리 시설 관리를 못 해 3~4년에 한 번꼴로 가뭄 피해를 보았습니다. 그럴 때면 난전이 섰는데요, 식량이 부족한 백성들이 무엇이든 팔아서 먹을 것을 구하려는 자구책이었습니다.

허가받지 않는 장을 장형(杖刑, 긴 막대기로 때리는 형벌)으로 다스리던 정부도 홍수나 가뭄 같은 자연재해가 있을 때는 단속하지 않았습니다. 장杖이 장場을 막지 못했던 것입니다. 제아무리 왕권이 강하다 해도 민심을 거스를 수는 없었어요. "왕은 배고 백성은 그 배를 띄우는 물이다"라고 말하는 왕도 정치가 그나마 살아 있었던 겁니다.

조선 후기로 갈수록 장은 더 활성화됐습니다. 집권 세력의 생각이 바뀌어서가 아니라 경제 구조가 바뀌었기 때문입니다. 모내기의 도입 등으로 수확량이 늘어난 농민들이 시장으로 향했습니다. 그곳에서 농산물을 팔고 필요한 물건을 샀습니다. 조선의 조정도 임진왜란 이후에는 사실상 허가받지 않은 장을 인정하는 쪽으로 방향을 바꿉

한국의 장터 풍경이 담긴 우편 엽서(대한제국). ⓒ국립민속박물관

니다. 민심이 상업을 천시하던 지배 세력의 고루한 생각을 바꾼 겁니다. 평민들의 '장터 혁명'이었던 셈입니다.

조선 후기에는 농민들이 실력을 발휘하기 시작합니다. 모내기가 도입되고 수리 시설을 갖추면서 수확량이 늘어났기 때문입니다. 소작료 내고 세금 내면 한 푼도 남지 않던 과거보다 형편이 좋아졌어요. 농민들은 이 잉여 생산물을 통해 좀 더 나은 삶을 추구합니다. 이런 희망이 근대적 자본주의의 싹을 틔우게 되지요.

변곡점은 '대동법'이었습니다. 특산물을 진상하는 공납의 폐해는 민란으로 이어질 정도로 심각했습니다. 중간에서 관리들이 착취했기 때문이에요. 그래서 이런 특산물 대신 쌀로 통일하게끔 한 게 바로 대동법입니다.

모든 공물이 쌀로 바뀌자 조선의 시장은 후끈 달아오릅니다. 중앙 정부가 현물로 바꾸려고 걷어 들인 쌀을 시장에 내놓았기 때문입니다. 덕분에 정부에 상품을 조달하는 상인이 늘어나고 쌀을 대신해 화폐 사용이 활성화되면서 고려 시대 이후 잦아들었던 상업 경제가 다시 꿈틀거립니다.

한편 한양으로 곡식을 실어 나르는 과정에서 항구가 발달합니다. 충청도의 강경포, 함경도의 원산포, 경상도 김해의 칠성포 등이 유명했습니다. 시장에는 쌀뿐만 아니라 조선 팔도에서 상인들이 가져온 생선과 소금 등 온갖 상품이 넘쳤습니다. 사람이 몰리는 포구와 장시에는 이들을 상대로 여관업과 도매업을 하는 '객주'가 생겨났습니다. 이들은 잠자리와 식사를 제공하면서 각종 상품을 위탁 판매를 하는 도매업은 물론 돈을 융통해 주는 금융업까지 했습니다.

경제학적으로 쌀이나 생선 같은 농수산물 생산보다 유통과 금융이 훨씬 큰 가치를 낳습니다. 상품 거래로 생기는 수익을 1이라고 하면, 이 상품을 유통하고 이를 담보로 거래해서 생기는 수익은 수십,

수백 배에 이릅니다. 과거 유럽이 부를 쌓고 자본을 축적한 데에는 직접 생산한 부가 가치보다 금융 거래로 인한 부가 가치가 훨씬 더 큰 영향을 미쳤습니다(돈을 꿔 주고 이자를 받는 '금융'은 이슬람 지역에서 처음 도입되었고 이를 잘 이용한 민족이 바로 유대인이었습니다. 유대인들은 대금업뿐 아니라 어음 거래에도 능통했습니다.).

오늘날 지구상 전체 자본 중에 무역 등 실물 거래로 국가 간에 오고 가는 돈은 전체의 5%도 되지 않습니다. 나머지 95%는 실물과 무관한 금융 거래입니다(이런 투기적 금융 자본 때문에 경제 위기가 발생한다는 주장이 있습니다. '생산'이 아닌 '돈' 자체가 더 많은 돈을 벌어들이는 경제 구조 때문입니다. 반대로 금융이야말로 부의 원천이라는 주장도 있습니다.)

조선 후기 상업이 활성화되면서 막대한 부를 쌓은 '거상巨商'이 생겨났습니다. 그중 전국 각지의 물산이 모이는 한강을 중심으로 활동한 경강상인이 가장 컸습니다. 이들은 유통업이나 숙박업은 물론이고 조선소까지 운영했을 정도였습니다.

대외 무역도 활발해져서 청·일본과의 교역에 민간 상인들이 참여했습니다. 의주의 만상灣商과 동래의 내상萊商은 공무역인 '개시'는 물론, 민간 무역인 '후시'에도 적극적이었습니다. 조선의 주요 수출품은 인삼과 면화였습니다. 인삼은 개성의 송상松商이 도맡다시피 했습니다. 이들은 조선 초기 때부터 보부상 활동을 해온 상인 집단이었습니다.

18세기 조선 상황은 초기 자본주의가 태동하던 12~13세기 유럽과 비슷했습니다. 조선 후기 상업은 농업 발전과 맞물리면서 폭발적으로 성장했습니다. 전국에 국밥이 등장한 것도 이때예요. 눈코 뜰 새 없이 바빴던 상인들이 조금이라도 시간을 아끼기 위해 밥을 국에 말아 먹었어요.

숙종 때 유명한 도적이었던 장길산을 주인공으로 한 황석영 작가의 소설 『장길산』의 시대적 배경이 바로 이때입니다. 장길산은 숙종 때의 유명한 도적이었는데 관련 기록은 임꺽정과 달리 남아 있지 않습니다.

통제되지 않은 권력은 호랑이보다 무섭다

조선 경제의 역동성은 1800년 정조의 죽음 이후 위기를 맞습니다. 세도 정치가 왕권을 장악하면서 조선을 다시 유교 원리주의 국가로 되돌리려는 보수적인 움직임이 나타납니다.

외척의 국정 농단은 사회 전반을 어지럽히는데요, 특히 돈을 주고 관직을 사는 등 부패가 극에 달합니다. 당연히 백성을 쥐어짜는 탐관오리도 등장하지요. 그중에서도 백성을 가장 많이 괴롭혔던 것은 환곡과 군포였습니다. 조선 중기까지 백성들을 괴롭혔던 토지세는 국가가 법으로 최소한만 거두기로 결정하면서 완화됐습니다. 조선 전기 임꺽정까지 나서게 만들었던 방납도 쌀로 내는 대동법이 등장하면서 잠잠해졌습니다. 하지만 환곡還穀과 군포軍布는 여전히 탐관오리들이 해먹을 부분이 있었습니다. 환곡은 가난한 백성들에게 봄에 곡식을 나눠 주고 가을에 되받는 제도입니다. 겉은 복지 제도처럼 보이지만 사실은 수령이나 향리(아전)에게는 엄청난 이자를 챙기는 고리대금업 수단이었습니다. 심지어 곡식이 필요 없는 사람에게 모래를 섞은 부실한 곡식을 떠안기기까지 했어요. 오늘날 국민을 지켜야 할 경찰과 지역 공무원들이 오히려 시민들을 갈취하는 것과 비슷합니다.

특히 군포를 둘러싼 부패는 상상을 뛰어넘었습니다. 16~60살 남자에게만 부과해야 하는데 어린아이나 죽은 사람한테까지 부과했어요(아이에게 물리는 군포를 '황구첨정', 죽은 이에게 부과한 것을 '백골징포'라고 합니다. 노란 입을 뜻하는 '황구'는 아이라는 뜻입니다. 백골은 죽은 사람을 말합니다). 누군가 이를 못 버티고 도망가면 이웃이 대신 물어내는 '인징鄰徵'도 있었습니다. 다섯 집을 하나로 묶어 관리했다고 하여 '오가작통법'이라고 합니다. 영조의 균역법 실시 이후에도 이런 폐단은 크게 나아지지 않았습니다.

"통제되지 않은 권력은 호랑이보다 무섭다"는 공자의 말씀을 이보다 더 잘 보여 주는 사례가 없습니다. 인도 속담에는 "호랑이가 무섭다고 탓하지 말고 호랑이에게 날개가 없다는 것을 신께 감사하라"는 말이 있습니다. 불행 중 다행으로 여기라는 뜻이겠지요. 하지만 조선의 세도 정치는 그 무시무시한 호랑이가 날개를 단 모습이었습니다.

참고 참던 농민들의 저항

참다못한 백성들이 전국에서 민란을 일으킵니다. 그전까지는 짐을 싸 들고 고향을 등지다가 이제 손에 무기를 들고 나선 것입니다. 홍경래의 난은 이 시기 대표적인 민란이었습니다. 1811년 북서 지역의 핍박받던 양반들과 상공인들이 주축이 되어 일으켰습니다. 여기에 지역 농민들이 동조하면서 그 기세가 확산됐습니다.

결국 정부군에 진압됐지만 민심은 동요하고 있었습니다. 무능한 지배 세력을 바꾸고 싶어 하는 사람이 늘기 시작했습니다. 항간에 "이씨가 가고 정씨가 온다"는 소문이 퍼질 정도였어요.

조선 후기 백성들은 현명했습니다. 유럽에서 계몽주의와 합리주의가 퍼졌듯이 사유 재산과 시장을 맛본 사람들 마음에 인권과 민주주의 의식이 싹트기 시작했습니다. 조선 민중들이 가장 원하던 것은 '평등'이었습니다. 서구 시민 사회가 '자유'를 최우선으로 외쳤던 것과는 다른 양상이었습니다. 여기에는 조선 사회의 오랜 차별이 놓여

동학 혁명의 지도자 전봉준이 1894년 12월 체포되어 압송되는 장면(포박되어 앉아 있는 사람).

있습니다. 사-농-공-상의 위계와 철저한 유교적 신분제의 굴레에서 벗어나고자 했던 것입니다. "사람이 곧 하늘"이며 "모든 사람은 평등하다"는 구호를 내건 동학도 이 시기 탄생했습니다.

동학이 불붙은 직접적인 계기는 호남 지역 탐관오리들의 수탈이었지만 그들 요구의 핵심은 '평등'이었습니다. 한편 "신 앞에 모든 인간이 평등하다"는 서학, 즉 천주교도 이때 전국으로 퍼져 나갑니다.

저는 이런 변화야말로 진정한 근대화의 가능성이 아니었나 생각합니다. 쇄국 정책을 고수한 흥선대원군이 조상 묘를 만들려고 승려들을 내쫓고 충청도의 한 절에 불을 지르고 있을 때*, 백성들은 인권과 평등을 생각했습니다. 조선 왕가와 사대부들의 사고방식은 이미 평범한 백성들의 상식에도 미치지 못했던 것입니다.

하지만 이런 움직임은 아쉽게도 열매를 맺지 못했습니다. 타성에 빠진 지배 세력은 새로운 목소리에 귀 기울이기는커녕 탄압으로 일관합니다. 조선 민중은 끈질기게 저항했지만 외세에 의탁한 조정에 의해 좌절하지요. 동학혁명이 좌절하면서 1894년 결국 한반도에서 청일 전쟁이 벌어집니다. 청나라는 자신들이 미개한 나라로 취급해 온 일본에 완패했습니다. 일본을 견제하려는 영국, 프랑스, 러시아 등의 간섭 덕분에 청나라는 일본과 겨우 강화 조약을 맺을 정도였어요.

청일 전쟁은 유라시아 대륙의 절대강자였던 청나라의 몰락과 신생 제국 일본의 부상을 상징하는 사건입니다. 이때부터 한반도의 운명도 흔들리기 시작합니다. 우리 민족의 의지와 상관없이 국제 정세에 따라 흔들리는 들풀 같은 신세가 되지요. 이후 한반도 사람들은 러일 전쟁-일제 강점 통치-한국 전쟁으로 이어지는 역사적 시련을 겪게 됩니다. 이 50여 년은 수십만 년 전 한반도와 그 주변 바다까지 꽁꽁 얼게 했던 빙하기 이후 한반도에 정착한 사람들에게 가장 혹독

---

* 황현이 쓴 『매천야록』에 흥선대원군은 명당으로 알려진 충청도 가야산 가야사를 불태우고 그 자리에 자신의 아버지인 남연군의 묘를 이장했다는 기록이 등장합니다.

한 시기였다고 생각합니다. 그 시간들은 지금까지도 우리에게 깊은 후유증을 남겨 놓았습니다.

따뜻한 국밥 한 그릇 내놓지 못하면서 정의와 진리를 외치는 것은 위선을 넘어 악에 가깝습니다. 어떤 지배 세력도 먹고살려는 백성의 노력을 막을 수 없습니다. 조선은 이 단순한 진실을 망각했고 결국 몰락했던 것입니다.

연표

구분	연도	특징	사회 구조 등 참고할 점	다른 나라와의 비교
구석기 시대	260만 년 전 ~ 1만 년 전	-조상들 한반도로 이주.	-가족 중심의 공동체 생활.	-약 200만 년 전 빙하기 시작. -약 50만 년 전 불의 발견.
신석기 시대	1만 년 전 ~ 기원전 3000년 전	-한반도에서 농경 시작. -움집을 짓고 씨족끼리 모여 살기 시작함. -빗살무늬 토기나 소금 등을 거래하는 시장이 생겨남.	-농경 통한 씨족 국가 건설.	-농경과 목축의 시작. -소금과 귀금속을 화폐로 이용한 상업의 시작.
고조선 시대	기원전 2333년 ~ 기원전 108년	-쌀을 쪄서 먹음. -저수지 건설. -장류, 젓갈, 김치를 먹음. -떡 등장. -국제 무역이 시작됨.	-정복을 통한 계급의 분화. -다양한 고인돌의 등장. -부족 국가 건설. -청동기에서 철기로 전환. -사적 소유와 노비의 등장. -법의 등장(8조법금).	-기원전 4000년 옥수수 재배, 청동기 제련. -기원전 3000년 메소포타미아와 멕시코에 도시국가 등장. -기원전 3000년 이집트 문명 태동. -기원전 2000년 중국 하나라 건국. -기원전 1400년 히타이트족 쇠 제련, 정복 활동 시작. -기원전 500년 그리스 민주주의 시작. -기원전 400년 중국 전국시대 시작. -기원전 4세기 아소카 왕 인도 통일, 불교문화 도입.
부여· 고구려· 동예·옥저· 삼한 시대	기원전 2세기 ~ 1세기	-제천 행사 도입, 절기 음식이 등장.	-철기 문명이 보편화됨. -부족 국가 연합체로 고대 국가가 운용됨.	-기원전 27년 로마 황제정 시작. -기원전 4년 예수 그리스도 탄생.

삼국 시대	기원전 1세기 ~ 676년	-쌀이 한반도의 주식이 됨. -장, 젓갈 등을 본격적으로 즐김. -무쇠솥이 등장함. -소를 이용한 쟁기질(우경) 의 도입. 철제 농기구의 보 편화. -수도에 대규모 시장이 등 장. -백성들에게 쌀을 지원해주 는 구휼 제도(환곡미) 등장. -실크로드(육상·해상)를 이 용한 국제 무역이 시작됨.	-강력한 왕권 국가의 등장. -불교와 유교가 유입되어 확 산됨. -중국과 왜는 물론 이슬람 국가와도 교역함. -풍수지리가 유입됨.	-220년 인도 굽타 제국 건설, 힌두 문화 확산. -476년 서로마 제국 멸망. -611년 중국 수나라 대운하 완성.
남북국 시대 (통일신라· 발해)	676~935	-통일신라, 가용 토지가 늘 고 농기구와 농업 기술이 보급되면서 쌀 생산량이 급 증함. -쌀·보리의 주식과 반찬인 부식인 개념이 생김. -무쇠솥의 공급으로 국 문화 가 발달함. 이 시기 국이 밥 과 함께 중요한 상차림으로 자리 잡음. -통일신라, 중국에 금세공품 과 불상 같은 고부가가치 예술품 수출이 증가함. -발해, 비단과 모피 무역이 번성함. -당나라에 신라방·발해방이 생길 정도로 대 중국 교역 이 활발해짐.	-통일신라 시대, 불교가 귀 족들에게서 대중들에게까 지 광범위하게 퍼짐. 불국 사, 석굴암 등 대표적인 불 교 문화재가 제작됨. -통일신라, 9주5소경으로 행정구역 을 개편하고 관주 도 시장을 개설함. -통일신라 시대 이후 당과 비슷한 옷차림이 유행함. -4두품 이하 금은 칠기 그릇 사용을 억제함. 6두품을 중 심으로 한 골품제에 대한 반발이 커짐. -최치원, 유교적 세계관 담 은 시무10조 작성해 왕에 게 전달함. -발해 무덤과 집은 고구려 양식을 그대로 따름.	-711년 이슬람 우마이야 왕조, 유럽의 이베리아반도 정복. -750년 이슬람 아바스 왕조 성립. 대제국 건설. -870년 프랑크 왕국 메르센 조약으로 3개국으로 분리. -907년 당나라 멸망. -916년 거란 요나라 건국.

고려 시대	918년 ~ 1392년	-국가가 화폐를 주조함. -국제 무역이 본격화됨. -차, 자기 등의 귀족 문화가 발달함. -몽골 침략 이후 육식 문화가 퍼짐. -원나라와의 교류로 수박, 깨 등 새로운 농산물이 들어옴. -선박 제조 기술과 어업이 발달해 해산물 섭취가 증가함. -간척 사업으로 농지를 넓힘. -귀족과 불교의 토지 집중이 심화됨. -소금의 국가 전매가 시작됨. -고려 후기 시비법이 도입됨. -중국 농업 서적 『농상집요』 등을 번역 발간.	-신분이 귀족과 양인들로 나뉘었으나 양인들은 사실상 신분 이동이나 거주 이동이 어려웠음. -향·소·부곡인은 차별을 받는데다 공물을 바칠 의무가 있어 반발이 많았음. -세계 최초로 금속 활자를 만듦. 그러나 주로 귀족, 승려만을 위한 불경 제작에만 쓰임. -원나라에 처녀 조공을 실시해 이를 피하기 위한 조혼 제도가 생김. -고려 말 원나라에서 성리학이 본격 유입됨. -사서삼경, 과거 시험 과목으로 정해짐.	-11세기 농업 발전하며 유럽 인구 급증. -1088년 볼로냐 대학 개교. -1095년 1차 십자군 전쟁 발발. -1200년경 이슬람, 나침반을 항해에 사용. -1300년경 이탈리아 르네상스 시작.
조선 전기	1392년 ~ 1592년	-농민에게 토지를 나눠 주고 농민 중심으로 국가를 운영함. -강과 바다를 이용한 조운 시스템이 확립됨. -한반도 농업 현실을 반영한 최초의 독자적인 농서인 『농사직설』을 편찬. -모내기가 일부 실시되었으나 조정이 가뭄의 피해를 우려해 이를 막음. -제사 문화가 중시되면서 의례 음식이 발달함.	-조선 초기 온돌 보급 확대. -중국과 달리 좌식 문화를 중심으로 한 주거 문화와 상차림이 확립됨. -양인들도 과거 시험을 통해 신분을 상승시킬 수 있었음. 거주 이전의 자유도 확대되어 지도 제작이 증가함. -상업 활동은 인허가를 받은 시전 상인에게만 허락함. -화폐를 발행했으나 상업 미비로 화폐가 쓰이지 않음. -유교 사상이 전 계층으로 확대되면서 사농공상, 남녀노소의 차별이 강화됨. -사화와 당쟁이 본격화됨. -세조 집권 이후 권문세가의 토지 집중화가 심각해짐.	-1453년 동로마 제국 오스만 제국에 멸망. -1492년 에스파냐, 서인도 제도 발견. -1517년 마틴 루터 종교 개혁. -1526년 인도 무굴 제국 건설. -1530년 감자, 유럽에 전파. -1542년 코페르니쿠스, 지동설을 주장. -1557년 포르투갈, 마카오 조차. -1588년 영국, 에스파냐 무적함대 격파.

| 조선 후기 | 1592년 ~ 1910년 | -이모작으로 쌀과 보리 생산량이 늘면서 쌀과 보리가 밥상의 핵심이 됨.
-고추가 공급되면서 김치와 젓갈 등에 다양하게 사용됨.
-쌀을 불리고 뜸을 들여서 밥을 기름지게 조리하는 방법이 정착됨.
-산삼의 인공 재배가 늘어나고 인공 재배된 산삼, 즉 인삼의 국제 교역이 늘어남.
-육식 문화의 발달로 설렁탕 같은 다양한 고기 조리법이 등장함.
-장터 등 상업이 발달하면서 지역성이 강한 음식들이 등장함.
-18세기 키우기도 쉽고 칼로리도 높은 고구마가, 19세기 감자가 들어와 재난 식품으로 사용됨.
-김치 속을 넣은 포기 배추김치가 확산됨. | -임진왜란과 병자호란 이후 신분 제도가 크게 흔들림.
-인구와 토지 감소로 산업 생산이 줄고 세금이 걷히지 않아 새로운 세금 제도를 고민하게 됨. 대동법·균역법 등이 실시됨.
-모내기 도입으로 부농이 늘면서 양반 계급이 증가함. 반대로 삶의 터전을 잃은 양인들의 노비화도 증가됨.
-실학과 서학(기독교)이 성리학의 대안으로 떠오름. 이씨 왕조가 몰락하고 정씨가 왕이 된다는 도참설이 퍼짐.
-조상의 무덤을 어디에 쓰느냐를 중시하는 왜곡된 풍수지리가 확산됨.
-대동법 도입으로 시장이 활성화되면서 화폐 수요가 늘어나지만 화폐의 원리를 이해 못 해 인플레이션이 발생함. | -1600년경 유럽에 중국차 전파.
-1602년 네덜란드 최초의 주식회사인 동인도회사 설립.
-1763년 영국 증기 기관 이용한 방적기 발명.
-1776년 미국 독립 선언.
-1776년 영국 애덤 스미스의 『국부론』 발간.
-1789년 프랑스 대혁명
-1840년 영국-청나라 아편전쟁 발발.
-1846년 아일랜드 감자 대기근.
-1857년 프랑스 파스퇴르, 효모 등 미생물 통한 발효 과정 규명.
-1857년 영국, 인도 직접 식민 통치.
-1853년 미국 흑선, 일본에 통상 요구.
-1868 일본 메이지 유신. |

참고 문헌

단행본

권은중, 『음식경제사』 인물과사상 2019

김경훈, 『뜻밖의 음식사』 오늘의책 2006

김상준, 『맹자의 땀 성왕의 피』 아카넷 2016

김영란, 『김영란의 헌법이야기』 풀빛 2020

김종욱, 『한국의 자연지리』 서울대학교출판문화원 2012

김철규, 『음식과 사회』 세창출판사 2020

남경태, 『종횡무진 한국사 상, 하』 휴머니스트 2015

니얼 퍼거슨 지음, 구세희·김정희 옮김, 『시빌라이제이션』 21세기북스 2011

니얼 퍼거슨 지음, 김선영 옮김, 『금융의 지배』 민음사 2010

문병훈, 『한국음식 세계를 향한 도전』 예담 2009

민병덕, 『밥상위의 한국사』 책이있는마을 2017

박시백, 『조선왕조실록』 휴머니스트 2005

박정배, 『한식의 탄생』 세종서적 2016

박종기, 『새로 쓴 5백년 고려사』 푸른역사 2008

사토 요우이치로 지음, 김치영 옮김, 『쌀의 세계사』 좋은책만들기 2014

설해심, 『인삼의 세계사』 휴머니스트 2020

송영심 외 지음, 『실록 밖으로 나온 세종의 비밀일기』 가나출판사 2008

야마모토 노리오 지음, 최용우 옮김, 『페퍼로드 고추가 일으킨 식탁 혁명』 사계절 2017

에릭 라이너트 지음, 김병화 옮김, 『부자나라는 어떻게 부자가 되었고 가난한 나라는 왜
    여전히 가난한가』 부키 2012

오명숙, 『유물로 보는 새로운 역사』 아이앤북 2012

이덕일, 『한국사 그들이 숨긴 진실』 역사의아침 2009

이주한, 『노론 300년 권력의 비밀』 위즈덤하우스 2011

재레드 다이아몬드 지음, 김진준 옮김, 『총, 균, 쇠』 문학사상사 1998

정민, 『새로 쓰는 조선의 차문화』 김영사 2011

정은자, 『한국의 식생활 문화』 진로 2014

정재훈·한명기 외 지음, 『16세기, 성리학 유토피아』 민음사 2014

조현범, 『삼국유사: 끊어진 하늘길과 계란맨의 비밀』 너머학교 2011

조홍섭, 『한반도 자연사 기행』 한겨레출판 2011

주영하, 『음식인문학』 휴머니스트 2011

커트 스테이저 지음, 김학영 옮김, 『원자, 인간을 완성하다』 반니 2014

페리 앤더슨 지음, 김현일 옮김, 『절대주의국가의 계보』 현실문화 2014

하인리히 야곱 지음, 곽명단·임지원 옮김, 『빵의 역사』 우물이있는집 2005

한복진, 『우리가 정말 알아야 할 우리 음식 백가지』 현암사 1998

함석헌, 『뜻으로 본 한국역사』 한길사 2012

해럴드 맥기 지음, 이희건 옮김, 『음식과 요리』 백년후 2011

홍익희, 『유대인 경제사』 한스미디어 2017

홍익희, 『세상을 바꾼 음식 이야기』 세종서적 2017

홍춘욱, 『7대 이슈로 보는 돈의 역사2』 로크미디어 2020

인터넷 및 기타 자료

「과거」, 동북아역사넷, 위키피디아

「바이셀라 코리엔시스」, 한국의과학연구원 홈페이지

「중국의 관리 선발 제도」, 동북아역사넷

「해양 생태계 관리보전계획」, 해양수산부 2008

이기환, 「조선 시대 1만 6000대 1의 과거시험」, 주간경향 2021.11.29